AF582896

PREFACE

Sur les terres corses, illuminées par essence, la végétation hurle un hymne régulièrement furibond à la louange du soleil. Là, Frédéric Barody filtre et décante avec talent les émois récoltés au cours d'entraînantes promenades gustatives.

Il arpente les chemins des cimes et se découvre une sensibilité d'où germent des salves d'étincelles qui façonnent avec d'incontestables dispositions les mots et les récits...

Son abondante transpiration sportive, élimine les humeurs étranges de dogmes professoraux et met le feu aux clôtures des conventions éducatives.

La plume trempée dans la passion et l'art des rencontres s'éprend aussi des destins douloureux des peuples menacés des savanes africaines et des forêts moites de quelques contrées oubliées.

Il mijote sur la route de bien jolis chants.

Daniel HERRERO

GESTATION

L'ensemble a commencé lors d'une rencontre avec Marc, ami d'enfance et de Rugby, que l'on recroise après une parenthèse de quelques années, comme bien souvent dans la vie.

J'angoissai à l'idée de refaire un centre de vacances pourri, identique à celui de l'année précédente où des ados difficiles, apposaient des orties sur les couilles de leurs petits camarades au préalable rasés, puis enfonçaient des bâtons dans le cul des ânes ou fauchaient un tracteur agricole afin de détruire la grange d'un pauvre paysan.

Enjoignant le directeur de prendre des mesures coercitives, ainsi l'obligation d'aider le factotum « cent vingt kilos de muscles », à planter des piquets avec une masse pour élever une clôture, il me répondit: Ah non, ce n'est pas un goulag... !

J'en étais à menacer un de ces ados de lui jeter l'huile bouillante qui rôtissait une omelette. Quand enfin, Monsieur le directeur, ordonna à son adjoint de raccompagner un de ces pauvres chérubins dans ses foyers... Ce dernier étant convoqué par la police pour répondre de méfaits, produits lors du mois précédent en banlieue lyonnaise.

Durant le trajet l'ado sortit une lame de son sac et tenta de planter le sous-dirlo, qui ne dut son salut qu'à une forte poigne, en tordant le bras du chenapan.

Nous apprenions par la suite que son frère lui aussi s'était illustré en menaçant de coups de hache, le directeur d'un autre centre... encore une famille de philosophes!

Donc je faisais des pieds et des mains, pour aller mettre à profit mes six années d'expériences au service du seul centre de vacances, qui en valait la peine à mes yeux: le camp corse Mer Montagne.

Marc avait effectué deux saisons auparavant et pris du recul. Titulaire d'un diplôme d'ingénieur informaticien, il se trouvait appelé à penser les systèmes de sécurité des nouveaux airbus.

Pour l'instant, il devait absolument contacter René, directeur du fameux centre, personnage charismatique s'il en est. Que j'avais eu l'occasion de croiser, au détour d'un stage de ski. Le courant était passé de façon très chaotique, nous dirions... alternative.

Un soir, Marc me dit: OK, et sois en forme. Ainsi j'appelle René, l'accord s'établit. Il m'explique le fonctionnement de son centre. Les schémas sont carrés, les lignes directrices claires, et puis flotte une fragrance d'aventure.

PREMIÈRE APPROCHE

Un mois plus tard d’entraînement, à l’aide d'un sac à dos rempli de pierres, aux heures les plus chaudes, dans le massif de l’Étoile surplombant Marseille, me voilà, appuyé au bastingage du *Napoléon Bonaparte,* qui s’arrache lourdement des quais de la Joliette. Marseille défile doucement, la Méditerranée exhale ses senteurs, elle sait si bien le faire dans sa robe d'été.

Le convoi s’effectue en troisième classe, dans des sièges s’inclinant. La nuit est courte chaque ado attend avec impatience le moment où le mono dort, pour se faire remarquer de la fille en qui il espère. Total le matin l’ensemble humain se retrouve, la bouche en pantoufle, la peau tirée, frissonnant dans son sébum.

Ajaccio niché dans son golfe, ourlé de palmiers, se dévoile après les îles Sanguinaires. La vie s’écoule calme et iodée. Ainsi le petit peuple s’active en gestes sereins, quelques pêcheurs rentrent au port, pendant que l’éboueur savoure son café, le balayeur salue un ami, le primeur installe son étal coloré.

Chaleureusement, Xavier le gérant de la base nautique, nous accueille par un petit-déjeuner pantagruélique. Celui- ci nous met en train pour le montage du camp. Autoaffecté au redressage des sardines, j’explique l’élévation des tentes sur un sol tenant plus du béton armé que de la terre. Ainsi sur vingt ados, six se choisissent pour dormir deux par deux sous la toile. Les dortoirs ne pouvant contenir que sept filles et sept garçons, plus un mono dans chacun. Dortoir épique, puisque les lits sont sur trois niveaux avec une seule armoire. Peu à peu l'installation se termine sur une présentation de l'équipe et l'ordonnance du matériel, ponctué d'un bain marin qui nous lave de notre trop courte nuit.

Par ailleurs, une passe à dix s'impose. Se dessine un classique monos (Marco, Jacky, moi-même), contre les garçons. Pour cette session, il nous manque un personnel pédagogique de plus. C'est la grande préoccupation de René qui nous dégote une bobonne en jupe lainée en dessous des genoux, complètement introvertie et complexée. Avant que les ados, toujours prompts à l'acharnement moral, n'en fassent leur souffre-douleur, nous sommes obligés de nous en séparer. C'est vrai, ce camp a une vocation sportive, voire au-delà, elle se sentira mieux dans un environnement plus classique.

Depuis plusieurs jours les activités s'enchaînent : lever à sept heures, course à pied soixante minutes, petit déjeuner, une équipe en planche à voile, l'autre au tennis. Repos entre midi et deux, puis voile, à dix-sept heures, quartier libre, en alternance avec des matchs de foot ou de rugby. Les soirées sont entrecoupées de détente sur la plage ou de détente autonome dans Ajaccio.

Pour autant une soirée est consacrée à la réunion montagne, ô combien importante, il s'agit plutôt d'un long monologue de René s'appuyant sur des notes, où tout a été pensé, pesé, disséqué, analysé. Les ados se divisent en deux groupes selon leurs affinités. En général les filles mignonnes et minettes se mettent ensemble, les minets de plage, attirés par les perspectives, se précipitent, tant pis pour les derniers: ils formeront la Randonnée II, qui s'avérera bien souvent meilleure, plus endurante et homogène. L'itinéraire proposé: le groupe I partira d'un point A, jusqu'au point B en six jours et cinq nuits, l'inverse pour le groupe IL Le poids étant l'ennemi du randonneur, les tentes sont bannies, les effets personnels réduits au strict minimum, ceux ayant oublié pulls et anoraks sont priés de contacter leurs parents afin de réceptionner un paquet en retour.

La deuxième réunion par randonnée est prévue pour affiner les menus, le choix de deux économes pour les courses, les tours de vaisselle, cuisine et transport des déchets.

Disons le, tout net au départ aucun tour n'est établi, tout le monde est beau et gentil, mais je note qui fait quoi, cela fonctionne bien jusqu'au jour où tout le groupe a fait au moins une tache matérielle. Là, les dissensions surgissent vivement, c'est le moment approprié, de retrouver sa liste. L'ensemble ainsi organisé, chacun peut voir qu'il n'est point lésé. L'eau glacée des torrents peut accueillir le rinçage des popotes, qui s'effectue presque gaiement. Evidemment l'âme humaine souvent égoïste, mais si, aura tendance à vouloir nettoyer sa gamelle correctement en négligeant celle du prochain. L'intervention consiste à donner un récipient contenant les restes de la veille accrochés aux parois, le réfractaire se voit obligé d'ingurgiter son café matinal à l'arrière-goût de cassoulet. Puis il y a aussi le « branlo » qui s'amuse au petit bateau avec les gamelles, celle se perdant dans le ruisseau n'est jamais la sienne. Aucune importance je l'obligerai à s'en séparer au profit de l'infortuné, il ne lui restera plus que ses mains ou les boîtes de conserves vides en guise d'assiette. Ainsi il faut se démarquer d'une certaine facilité, dans le quotidien lorsqu'une chose se perd, l'on se précipite, pour en acheter une autre. L'école de la montagne invite à plus d'attention.

Le lendemain, les menus faits, nous nous retrouvons dans une grande surface, chacun une liste à la main, dernière consigne: acheter des fruits durs. En effet le sac à dos s'accommode mal de pêches mûres. De retour au camp un pointage est nécessaire, le ravitaillement de milieu de randonnée est mis de côté, les noms de monos apposés sur les cartons. Nous pouvons ainsi, dédoubler la charge du port.

Le soir venu, petit à petit les mines se creusent, les ados sont préoccupés par les préparatifs, puis l'inconnu de la montagne. Nous leur distribuons le matériel : sacs, duvets, popotes, draps housses, sursacs et chaussures de marche pour ceux qui n'en ont pas. Les filles poussent des cris horrifiés à l'obligation de devoir porter ces godillots. Là il faut une certaine dose de patience et de psychologie féminine. Si elle vous dit qu'elle a mal au pied, c'est souvent qu'elle a reluqué une autre paire, qui s'accordera mieux à son short, qu'importent les ampoules. A nous de deviner le vrai du faux, sinon nous serons bons pour jouer les infirmiers à l'aide de fidèles pansements. De toute façon nous leur conseillons d'en apposer par avance, le pied étant notre pneu, il vaut mieux ne pas l'endommager aussitôt.

Vient ensuite la confection du sac, bien entendu rien ne rentre, il y en a partout, une vrai panique, là on s'aperçoit que le surplus fait flores, nous éliminons donc, les déodorants, maquillages, gels, et autres draps de bain.

— Non ! Chantal tu ne peux pas pendre ton vanity ! Quatre maillots ! Oublie ! Tu feras un défilé de mode une autre fois.

Chantal est une petite bombe, aux formes explosives, les garçons commencent à marcher sur la tête. Il faut les freiner, sinon ils lui porteraient tout son barda et elle avec.

Enfin les sacs à dos sont bouclés ainsi équilibrés; ils peuvent se tenir seuls droits comme des i, tendus à craquer. Ils seront nos compagnons, tour à tour abris contenant les ponchos, pères nourriciers, confidents même pour certains.

Ainsi j'aspire à une nuit réparatrice, sur la brèche depuis quinze heures sans interruption, las, je m'aperçois qu'aucune de mes affaires n'est prête. De toutes les centaines de préparatifs effectués, celui-là restera le pire, assis sous la tente je fais le tri de ce qui doit rester et emballe ce que j'emporte, une lampe dans la bouche pour laisser les mains libres. Dans les tentes à côté j'entends les respirations régulières, j'imagine leurs poings serrés depuis longtemps et leurs esprits en sommeil paradoxal. Pour en rajouter, la pluie s'en mêle, je creuse à la hâte des rigoles autour des tentes. Une heure du matin, je pose ma tête dans un carton pour éviter les phares de la voie rapide, enfile les boules Quiès. Rideau !

Cinq heures, d'une tape sèche sur le pied, René me réveille, c'est promis l'année prochaine, si Kim Bassinger est directrice je choisis son centre.

— Ça va Marco ?

— Ouais.

Marco c'est l'ours, fort comme un turc, têtu comme une mule, le soir il jette son duvet, là où il tombe, Marco dort. Econome en parole, il porte un sac surdimensionné avec tout l'attirail de l'alpiniste, taquet coinceur, corde, piolet, baudrier, mousquetons, etc. Lors des haltes de repos avec son groupe, il s'en va faire une voie, puis revient radieux, l'œil pétillant et le poil qui brille.

Ça y est ! La route s'élève et notre minibus avec. Nous dépassons Bocognano en pénétrant sous une voûte d'arbres centenaires au col de Vizzavona. Magnifique forêt qui n'aurait pas déplu à Merlin l'enchanteur, elle maintient une agréable fraîcheur dans une ambiance moyenâgeuse. Une heure après, nous prenons un café à Corte, fief de Pascal Paoli inspirateur de la constitution américaine. Pour qui découvre cette ville la première fois, l'on peut humer l'âme corse, austère, blessée et fière, généreuse mais qui se méfie, le vécu est lourd, le ressenti aussi, tout cela est palpable.

En filant vers l'ouest, nous remontons la Restonica, là est le choc, le coup de foudre, j'en ai effectué des chemins, la chance m'a permis de me promener sur les cinq continents, grimper sur les himalayas, pagayer au fin fond du cercle polaire, parcourir les déserts.

Mais voir ces roches ciselées, surplombant telles des tours gardiennes du temple, étagées çà et là de pins lari- cios aux augustes ramages, me laisse béat. Fascinante géométrie de cette errance des colonnes sublimes, une fine brume joue avec les rayons du soleil traversant les nuées, tels des puits de lumières. Puis au fond cette rivière bleue « aqua velva » bondissante de conques en conques, dont le gris rocher fait blanchir l'écume, rajoute au fantasmagorique. Pendant les dix-sept kilomètres que dure l'ascension, j'ai la tête montée sur roulement à bille, mes pupilles crépitent, voulant mémoriser le plus de beautés possibles, comme si ce tableau allait s'évanouir en quelques secondes.

L'asphalte se termine au lieu-dit *grotelle,* or je ne peux résister longtemps à l'appel d'une piscine naturelle. Ceci me met en appétit, effectivement midi s'annonce. Durant ce temps, les ados sont regroupés autour du véhicule, symptôme de se raccrocher à l'urbain, quelques-uns lancent des pierres dans la rivière, manifestant involontairement leur perte de repaires et leur rejet du naturel. Doucement, quand le soleil se fait moins rude, la petite colonne esquisse ses pas de randonneurs néophytes. Au bout d'une heure, première émotion minérale, et premier lac, le Mélo, quelques pique-niqueurs isolés, touristes un peu plus hardi que la moyenne, qui en ont assez de jouer les phoques sur la plage redescendent. Ce sont les derniers que nous apercevrons d'une semaine. Deux heures durant nous gravissons la brèche degona, modeste pierrier à forte pente. Ça tousse derrière, d'autres émettent un bruit de sifflement s'apparentant à la turbine d'hélicoptère, conséquence directe du tabac.

— Hé ! Vous voulez quoi comme cigarettes ?

Comprenant l'ironie, les ados émettent maintes protestations, vite atténuées, car il faut encore monter.

Bientôt, au sommet de la brèche une halte salvatrice, couronnée d'une giclée de fruits secs et d'une tranche de cake, ramène la sérénité. En dessous de nous sur le versant que nous découvrons, un lac noir et inquiétant: Goria. Il nous attend pour notre bivouac. En fin d'une descente qui s'éternise, Anthony jeune et fougueux adolescent, se met à bondir de rocher en rocher, son sac faisant office par moments d'amortisseur.

— Anthony, les bananes !

Effectivement le dessert de ce soir sera un conglomérat sucré d'une couleur incertaine. Peu de temps après je me glisse dans le duvet, mauvaise nuit, le ciel est menaçant.

Le lendemain, nous remontons en suivant la rive orologique du *tavignano,* pour déboucher dans le vaste lit du lac Nino, précédé de pozzines, petits trous d'eaux typiques à raz du gazon laissés par le lac en se retirant. Le chemin est facile, mon allure est vive, je sens les ados en forme qui veulent en découdre. J'accélère, adoptant le pas du légionnaire. En effet, comme chacun sait, il existe plusieurs façons de marcher.

Celles que l'on emploie pour regarder les magasins ne sont pas les mêmes que celles usitées pour la descente d'un pierrier, sur un plateau ou dans le sable. Au bout de dix minutes derrière, la colonne fait l'accordéon. Je ralentis, les choses seront au point pour le restant de la randonnée. Sans bruit, l'autorité s'installe naturelle, quand sur le terrain où elle s'exerce, elle est la plus compétente.

À midi je jette mon sac à Bob, le premier ado qui arrive. Essoufflé ! Il encaisse le choc des vingt-cinq kilos en se rendant compte du double du poids par rapport au sien. Une couche est remise au cas où la première n'aurait pas suffi.

Certains y verront de l'orgueil mal placé, mais il faut se rendre compte, que nous nous trouvons à douze heures des premières structures permettant de communiquer au secours, le seul moyen d'intervention restant l'hélicoptère, et ils se comptent au nombre de deux pour toute la Corse.

En sus ces personnes sous notre responsabilité sont mineures, notre conscience est de les ramener entière à leurs parents, se permettre un rallye où tout le monde se pousse et se bouscule serait une gageure. Nous croiserons bien d'autres groupes tout au long des années suivantes, où le moniteur, tel un berger fou, à la recherche de ses moutons, arrivera en dernier plusieurs heures après, sous le sourire goguenard des jeunes, dont certains sont blessés et parfois gravement.

Nous avons donc adopté une méthode qui a fait ses preuves. Un moniteur ouvre la marche, l'autre la ferme. Le dernier aide moralement les plus faibles. Le voir déboucher signifie le groupe au complet. De toute façon nous ne sommes jamais éloignés d'une distance supérieure à quarante mètres.

Les légumes du midi sont servis à l'ombre d'aulnes nains, véritables arbustes emblématiques de la montagne corse. Courageux, accrocheurs en diable, ils parfument l'atmosphère d'une odeur légèrement acre et donnent à l'eau des ruisseaux un goût amer.

Devant nous le paysage est superbe, le lac s'étale à nos pieds entouré d'une herbe rase à faire pâlir le jardinier de Buckingham, çà et là quelques chevaux semi-sauvages avec leurs poulains paissent tranquillement, leurs blondes crinières balayées par un doux zéphyr. L'ensemble surplombé par la Punta Artica. Au moment du départ nous partageons nos pommes avec les juments et leurs petits, pour les remercier d'être les acteurs vivants de ce tableau idyllique. Les filles caressent une dernière fois leurs doux museaux. Naturellement quelque chose a basculé, au bout de trente-six heures, touchés par l'atmosphère les garçons ont perdu de leur agressivité, les filles ont un regard mélancolique et plus maternel, les barrières tombent, nous sommes dans le vrai, le groupe se soude. Comprenant que chacun se trouve à l'intérieur d'une microsociété, la confiance s'installe. Cette ambiance sera répétée à l'envie dans quasiment chaque session, intervenant parfois de manière plus précoce ou plus tardive.

Nous suivons une crête fabuleuse un court instant, pour plonger dans un ravin couvert d'aulnes. Leurs branches agrippent nos sacs de façon continue, la progression s'effectue d'une attitude plus proche du sanglier que celle du randonneur. Le terminus est les bergeries de *custolle,* nichée dans un vallon supérieur de la vallée du Niolu, bastion de hautes terres à l'identité bien marquée.

Deux bergers nous accueillent le père et son fils.

— Ayo ! Bonjour, vous allez bien ?

— Ouais.

— Nous sommes un petit groupe, nous ne vous dérangerons pas, pourrions-nous bivouaquer, près de l'enclos?

— Ouais, bien sûr.

— Le temps est menaçant pour ce soir, vous ne pensez pas qu'il va pleuvoir?

Là, le fils qui a écouté la météo opte pour l'affirmative, alors le père ré intervient.

— Ayo, je te dis qu'il ne pleueuvra pas, je suis berrger quand mêême, ils peueuvent raconter ce qu'ils veueulent, eux, ils sont devant l'ordinnaateur... ! Moi je suuis ici! La Punta di Scupiccia est dégagéée, leess nuages... passeront plus au noord et basta !

Et n'admettant aucune réplique, il ponctue sa phrase d'un grand geste prolongé de son bâton, comme pour faire fuir les cumulus.

La nuit est tranquille, je dors d'un trait avec le sourire de la confiance, pas une goutte n'est venue nous perturber - vive - les bergers. Non mais des fois.

Nous quittons nos deux personnages, et c'est sifflotant que nous atteignons Verghio, pour le ravitaillement. Ici le poids des sacs augmente avec force il y a trente-six heures en sus. Ainsi sous un soleil de bête, nous entamons la remontée du Golo, première rivière de Corse, par son vallon typique. Après avoir dépassé les bergeries de *radule* puis franchi le torrent, un immense pin laricio moult fois centenaire, nous offre son ombre bleutée. Les parois encaissées réverbèrent la lumière, et l'air semble solide tellement la chaleur est accablante. Le repas se passe sans soucis jusqu'au fromage, qui avec la température a quintuplé sa superficie, lui aussi veut randonner et s'essaye à l'autonomie. Les filles refusent tout net leur part due à l'odeur, il faut dire que ça fouette terriblement, les garçons affamés profitent de l'aubaine et sans fable, s'empressent de finir le plat.

Due à la soif, la montée est assez pénible, les gouttes de sueur s'intensifient, en cet endroit le sentier ne peut toucher l'eau, celle-ci nous nargue en contrebas. Gestion hydrique obligatoire, l'ensemble est rodé, durant chaque arrệt boisson, deux litres seulement sont sortis pour douze personnes. Ce qui permet de savoir où l'on se situe en permanence, les deux moniteurs restant en réserve ultime. Les gourdes des filles sont utilisées en premier, car elles allègent leurs sacs d'un kilogramme et en montagne ça aide précieusement. Dès que possible nous refaisons les niveaux, avec un cachet micropur si l'eau provient d'un torrent. Parfois il peut s'écouler une journée entre les deux pleins.

Ça y est, le chemin borde le ruisseau et les gars se jettent à plat ventre, visage dans l'onde, chapeau rejeté en arrière, tels des cow-boys parvenant au Rio Grande dans un western de série B.

Simple est le bonheur.

Agréablement, nous avançons, au milieu d'une succession de douces baignoires naturelles creusées dans le granit, où l'eau cristalline d'une pureté bleue nous permet d'apercevoir le fond vierge de toute trace. Au fond de la vallée, le mauve du mont Capu Taffanatu éclabousse notre regard.

Contraste, ce mot me vient à l'esprit, comme celui qui peut le mieux définir la Corse. Contraste entre la montagne qui surgit au milieu de la mer, la sécheresse et le vif torrent, désert des *agriates* et forêts d'*aïtone,* chaleur des plaines et froid des névés, etc. Les exemples sont infinis. En fait je pense ce mot comme synonyme de beau, quelqu'un tout gros ou tout maigre ne convient pas, en revanche la différence entre les formes est agréable à l'œil, vrai pour les villes, vrai pour les reliefs : le tout plat n'attire pas, l'océan sans tempête n'aurait peut-être pas inspiré autant de romantisme. J'en oublie et des meilleures, puis le surnom de la Corse n'est-il pas, île de beauté.

Tula, gentille bergerie abandonnée au fond du cirque et aux sources du golo, nous abritent pour la nuit. Le matin nous croisons l'autre groupe emmené par Marco et un moniteur stagiaire. Nos chers gamins s'invectivent, en se promettant l'enfer pour les dénivelés restants. Bataille verbale puérile, car les chiffres sont identiques, les groupes partant à des altitudes similaires.

Le refuge *cli mori* taillé en pierre de porphyre rouge, a belle allure, il faut dire que le site est superbe. Cette construction perchée sur un promontoire rocheux à deux mille mètres et entourée, par la Paglia

Orba au nord, puis le Tafanotu à l'ouest, dégage une sage sérénité.

Nous faisons un petit crochet jusqu'au col des Maures, endroit minéral s'il en est, empreint d'une profonde solitude, la terre en son commencement devait ressembler à ça. La roche est torturée à souhait dans une bataille de couleurs allant du rouge brun au violet foncé. Je reste sur ma faim de n'avoir pas gravi la Paglia ou même le Tafanatu. Mais je sais que j'y reviendrai prochainement.

Plus bas nous passons le col de Foggiale et à la suite d'une descente relativement forte, nous prenons un orage monumental au moment de la macédoine de légumes pour le midi. L'opération ponchos est déclenchée, ces deux mètres carrés de plastique équipés d'une capuche protègent tant bien que mal, plutôt mal, de l'abondant déluge.

Pourtant trente minutes après, l'on croit rêver, tout se dissipe par enchantement. Seul vestige, la marmite d'aluminium qui s'est remplie à ras bord, elle a servi de pluviomètre. Les petits pois surnagent.

En attendant, il nous faut marcher, le soleil nous sèche rapidement. Parvenus aux *bergeries de ballone* nous posons nos sacs. Cette étape je l'apprécierai toujours, située au confluent de deux vallées, étagées de terrasses entourées de pierres, l'endroit est accueillant. Le ruisseau fait d'une succession de baignoires invite au grand nettoyage. Chacun étend ses affaires et s'active pour soi-même. Nous décidons d'un jour de repos, la nouvelle se transforme en exultation générale, en contrepartie les ados nous promettent de marcher tels des lions, pour rattraper cette journée.

Le soir venu, notre chambre se trouve tapissée par une poussière d'étoiles et de voie lactée, je m'endors serein au pied de la grande barrière (elle est appelée ainsi car elle délimite, la grande ligne de partage des eaux de la Corse, en formant une muraille compacte, hérissée d'aiguilles jusqu'à la Paglia Orba, véritable citadelle de géant).

Le lendemain il pleuvra partout sauf sur nous, je savais bien cet endroit magique. Aussi le jour de notre redémarrage, c'est galvanisé par la confiance accordée, que nos courageux jeunes randonneurs s'attaquent aux sept cents mètres de dénivelé. Le col de la Bocca Minuta est joint en un temps record. C'est à cet instant que je peux réaliser le choc éprouvé à chaque nouveau panorama. Ainsi en montant, je me demande avec gourmandise en pressant le pas, que vais-je découvrir en haut de cette crête ? Serai-je déçu ou bien sera-ce un feu d'artifice pour le regard ?

Nous avons vécu un 14 juillet quotidien.

Les encas avalés, nous descendons dans la *vallée de la solitude,* falaise de cordes et de chaînes, c'est l'étape phare du GR 20. Parois encaissées d'où en leur milieu s'élève un donjon volcanique dressé sûrement par un titan, à l'époque ou Athènes n'était qu'un lieu-dit.

Un point plus bas, le moral prend le relais, il nous faut rattraper le dénivelé perdu, le tout, face au soleil. L'eau se fait rare dans les gourdes.

Mâchoires crispées sans un mot, les garçons aident les filles à grimper. Leurs regards ont changé, ils commencent à avoir de la gueule. Et cela devient un sujet de satisfaction. Nous débouchons au Col Perdu assoiffés. Pour autant et sans se départir de son flegme, Jacky sent une source. Il n'a pas son pareil pour les débusquer. Effectivement en amont du passage, la paroi laisse suinter le précieux liquide. Pendant que nous essayons de solutionner le problème du remplissage. Jacky, homme prévoyant, sort le cylindre de plastique qui sert à enrouler la bande large du sparadrap. Faisant office de tuyau, il nous permet de réapprovisionner notre stock d'eau avec aisance.

Que dire de Jacky, calme et pondéré autant je suis monté sur ressorts. Il est la force tranquille héritée de ses montagnes hautes alpines, minutieux, d'humeur toujours égale, il est agréable de l'avoir comme partenaire.

La descente est plaisante, sur le bord du sentier de jolies filles se sont arrêtées pour parfaire leur bronzage. Tiens cette année on dirait la Corse à la mode. A notre droite, nous dépassons le refuge d'Altore brûlé, incendié criminellement pour satisfaire les besoins d'aubergistes concurrents.

Poursuivant, nous déjeunons au terminus, dans la station de Haut Asco, sous le formidable rempart que dressent Monte Cinto et Capu Larghia scintillants de neiges éternelles.

Nous les quittons à regret, aujourd'hui les jeunes sont redescendus de leurs cimes poudrées, fiers de leurs acquis, le regard plus profond de ceux qui ont vécu des moments forts. Ils prennent les artifices de la vie facile des plages avec recul, accueillant ces deux menteurs que sont la frime et le paraître d'un front serein. Ils ont mûri, appris la fraternité, ainsi leurs démarches sont plus lentes, comme plus assurées.

Dans leurs yeux nous pouvons lire une sorte de reconnaissance muette. Chaque équipe se consulte et confectionne un bilan écrit, qui sera lu par un rapporteur. Des griefs, des souhaits, des questions sont tour à tour exposés, de cet échange naîtra quelque chose de meilleur pour la suite.

A cet instant la suite est une soirée quartier libre dans Ajaccio. Pendant le retour vers minuit, classiquement la permission ne va pas souvent au-delà, Jacky conduit le minibus. Pernicieusement une odeur équivoque de matière fécale, nous pousse à réagir vis-à-vis de l'éventuel coupable. Je me retourne pour distinguer un papier hygiénique à ras du sol.

— Sébastien soulève ton pied !

— Bingo, il a marché dedans.

J'aperçois dans la foulée, stupeur, un bel étron. Nous avons oublié de verrouiller la porte latérale, et quelqu'un a pris notre véhicule pour un lieu d'aisance. La merde et son remugle à quelque chose d'inconcevable, surtout quand c'est celle des autres. Nous finissons le parcours au bord de l'asphyxie, fenêtre ouverte et *tronches* (têtes) à l'extérieur sous l'hilarité des occupants de l'autre microbus. A l'arrivée, René agacé du folklore produit et des plaisanteries qui s'amplifient, prend les choses en main et met le camion en porte à faux, noie l'intérieur à l'aide du jet d'arrosage. Il faudra une semaine pour que l'habitacle puisse redevenir respirable.

RYTHME DE CROISIÈRE

De retour à Marseille après une traversée sans ennuis, nous demandons au chauffeur du bus qui nous escorte, qui est cette jolie brune élancée à la bouche pulpeuse et aux yeux de biche qui l'accompagnait trois minutes auparavant.

— Oh! Ça, c'est Brigitte, elle s'occupe d'enfants au centre aéré.

Un bref échange de regard avec René, ceci a été bien souvent notre moyen de communication et nous comprenons que nous tenons peut-être la monitrice qu'il nous faut.

Coordonnées prises le lendemain du retour dans la cité de Bonaparte, nous lui proposons de venir travailler en Corse. Un jour plus tard, René va l'accueillir à Campo del Oro, aéroport d'Ajaccio.

— Tu as un maillot de bain ?

— Oui.

— Bon cinq minutes pour te changer, j'ai mon groupe en raid catamarans, tu vas les rejoindre en cabin-cruiser.

Et devant l'air ébahi de notre nouvelle arrivante, René se plaît à rajouter.

— Eh ! Oui, coco, oublie le macramé, le coloriage et le chocolat au goûter.

C'est ainsi que le camp découvre Brigitte arrivant à bord d'un puissant bateau, installée à la proue, cheveux aux vents.

Les présentations faites, elle deviendra tour à tour la maman, la confidente, la grande sœur et quand même la mono de toutes les filles.

Elle prend vite ses marques au sein de la base nautique.

Plusieurs jeunes adhérents au club apprentis marins, viennent draguer les jeunettes du camp, ce qui a le don de faire disjoncter René, aussi sûr qu'une charge dépotente.

— Hein, tu as vu, la session précédente les filles étaient plus jeunes, alors ils ne s'en occupaient pas. S'ils continuent, moi je leur pisse dans le réservoir des motos. Ces espèces de ratons des sables.

Chez mon ami, l'estivant plagiste se divise en deux catégories, le raton des sables qui fouine, se montre et cherche à draguer. Puis le phoque qui se prélasse au soleil, confit de certitude, bouchonnant sur l'autoroute avec bobonne les jours de grands départs.

Notre séjour mer s'écoule aux grés des activités classiques. Ainsi tout naturellement nous nous retrouvons au départ d'une nouvelle randonnée à Verghio.

Les pieds momifiés par des pansements la petite colonne s'élance gaillardement dans des paysages qui me sont maintenant connus. A *Tula,* des chevaux en liberté viennent nous tendre leurs museaux. Pendant que nous cuisinons, les propriétaires de la bergerie abandonnée viennent y faire une halte. Eux aussi font un trek. Je reconnais parmi eux le fameux rugbyman troisième ligne centre de Montferrand qui, malchanceux en finale du championnat avait perdu contre le grand Béziers d'un contre assassin. Rencontre incongrue, la discussion tourne vite sur ce match, que nous refaisons cent fois. Nous nous souhaitons bonne nuit en prenant congé, la tête tournée vers des rêves ovales.

Dès potron-minet, le mistral s'est levé, l'ombre glaciale des montagnes nous rend tout petit sous nos bonnets.

— Avec ce temps, l'on sent mieux la montagne, affirme René, péremptoire.

— Au fou, quelques degrés de plus seraient bienvenus.

— Tu ne veux pas des vahinés en sus ?

— Ah ! Si tu peux me les commander.

Nous sourions à ces invectives matinales. Quelques heures après, nous parvenons au sommet de la Paglia Orba. Nous restons un moment le cul sur les pierres et la tête dans les cirrus, pour grignoter quelques dattes, des *deglet nom* (doigt de lumière en arabe) les meilleures. À nos pieds, pics acérés et rochers tourmentés se disputent à l'infini, tels des gladiateurs dans la lumière d'airain. Avant le soleil trop altier, nous enchaînons sur le Capu Tafanatu, la fameuse montagne trouée par le diable, quelques difficultés nous obligent à encorder sur un petit mur naturel, pour remonter à gauche en direction d'une brèche dans l'arête nord. Sur le versant ouest de cette brèche s'offre un vallon, en descendant quelques mètres sur notre droite une succession de vires nous amène sur la rive droite du vallon, nous tirons sur un petit ressaut à gauche pour prendre pied sur l'arête nord-ouest. Ce point indique le promontoire qui déroule sur toute la face ouest.

Et là, embouchez les trompettes, roulez les tambours, nous sommes sur une des plus belles parois de Corse, violemment abrupte, cette muraille domine de plus de six cents mètres le cirque oublié de Campu di Vetta. Silence dans le groupe, où l'émotion se mélange à la superbe, nous accumulons les petits détails comme les grands, tant nous voulons retenir dans notre mémoire cet instant.

Lumière d'ombre... Glèbe déchiquetée, viscère du monde, l'air marin est un sculpteur. Mais la rage du vent dans l'encaissement des gorges dépouillées parfois se tempère et l'on devine la mer, point minuscule, assoupie au fond de l'horizon ou reflétant vers le ciel son bel azur. Une mélopée s'élève, légère, clochettes de troupeaux agitées par la brise qui sème leurs sons à travers l'espace pour en calmer le tourment.

Lumière d'ombre... Ces ravins effroyables, je les admire. Cet Eole qui perce les montagnes sans répit, en sorte qu'il ne subsiste plus que cette armée de rochers, ce découpage de chair, j'entends de porphyre rouge carmin, couleur sang de Bacchus, couleur de cœur, me transporte. Cette anarchie romantique confine pour moi au summum dans l'élaboration de l'essentiel... la vie. La Corse y est tout entière démontrée, la montagne et la mer.

Traversant le trou nous regagnons Mori par la face opposée. Les ados ne sont plus seulement des randonneurs, ils ont fait leur premier sommet et le savent, ils se sentent anoblis comme pouvant pousser la porte d'une confrérie.

Un jour plus tard, nous retrouvons avec grand plaisir le berger barbu de Ballone. Accueil fraternel de ce personnage chaleureux, nous posons nos sacs avec délectation.

Pour autant le lendemain, le programme n'est pas bucolique, la montée du pierrier de la Bocca Suprana nous impose mille mètres de dénivelé. La veille, je me suis infligé une blessure au genou, là le tendon me fait sentir qu'il existe. La marche devient réellement pénible, deux pas en amont un pas en aval, il fait chaud et le sac tire de tout son poids le corps en arrière. Le mental chez la personne entraînée prend automatiquement le dessus, l'esprit s'élève au-dessus du corps. Libéré des toxines, l'organisme fabrique l'endorphine, cette substance euphorisante, antidouleur naturelle. Le cerveau se fixe sur un but, tout devient plus simple. Mais nos jeunes tiendront-ils, malgré les petites haltes, toujours brèves pour ne pas casser le rythme. Nous prodiguons maints encouragements, marions à la fois l'humour, la petite poussée amicale ou la grosse voix qui joue par dérision Rambo.

A cet instant, Fabienne craque, c'est une jolie fille grande, avec un visage aux traits réguliers souligné d'un doux regard. Un peu marginalisée car plus mature que ses collègues. Elle s'en prend aux cailloux qu'elle jette rageusement en hurlant, en proie à une véritable crise de nerfs.

Claudiquant, je me retourne vers Jacky, d'un regard nous sommes sur la même longueur d'ondes. Vite, il faut scinder le groupe en deux avant que cet excès d'humeur ne devienne communicatif. Je poursuis donc la progression avec l'équipe. Pendant ce temps, mon ami apporte réconfort et tendresse à Fabienne.

Nous sommes l'éellement récompensés, au col notre vue est littéralement scotchée par le lac du Cinto en contrebas, fl a la forme d'une émeraude. Enchâssé qu'il est par des éboulis surplombants, sertis de névés diamantés. Je me redis, la magie de la Corse, à chaque col un cadeau de la nature.

Et puisque c'est fête, nous allons faire la pause fruits secs, Fabienne nous a rejoints larmes séchées, elle sourit timidement.

— Allez assieds-toi, l'adversité a toujours une fin.

— Je sais son chagrin plus profond, en rapport avec sa vie personnelle, en cela il faudrait la réconforter un moment. Mais nous ne pouvons la favoriser, les autres ne comprendraient pas.

La descente s'amorce sur les talons, et au lac nous tentons la baignade, j'estime l'eau à quatre degrés, les névés permanents trempent leurs blancheurs dans une onde sans fond. Tant pis, stupidement je me propulse d'un rocher, le froid est abyssal. J'éprouve toutes les peines du monde à revenir, j'ai l'impression que l'on presse mes tempes dans un étau d'acier, le bord atteint qui jamais n'arrive, je continue de crawler sur les cailloux par réflexe pavlovien.

Les garçons se jettent des paris, à qui traversera le lac. Si cela se produit je les en empêcherai, mais pour les tester, je leur propose mon salaire en cas de réalisation. Le plus téméraire ira jusqu'aux chevilles.

Nous poursuivons notre marche en direction du refuge de l'Ercu, trois cents mètres plus bas, pour croiser un couple d'inconscients avec deux enfants. Leur attirail tient dans de grands sacs plastiques, incrédules nous apercevons des chaises longues et des duvets légers. Ils nous font part du désir de bivouaquer au lac.

— Non mais au lac aucun endroit plat n'existe. Ce ne sont que rochers et pierres. Et puis vous n'êtes pas équipés pour le froid.

— On verra bien.

Abasourdi, je les vois reprendre leur ascension, je ne sais s'ils ont renoncé par la suite ou si un quelconque incident s'est produit.

Ce soir nous partageons le refuge avec trois *pinsute,* qui tombent régulièrement leurs morceaux de figgatelli dans
la cendre, en essayant de les faire griller. J'espère qu'ils ont prévu un dessert. Ces deux cas montrent souvent la cohabitation obligée avec des énergumènes totalement empruntés loin de leur confort quotidien, qui font courir des risques par inaptitude à des secouristes et à charge de frais pour la collectivité.

La nuit douce et réparatrice nous permet de lever la tête face aux onze cents mètres de paroi du Monte Cinto. Nos jeunes aussi sont contents, car l'ascension va se dérouler sans leurs sacs, en effet ce soir nous revenons au refuge.

Après avoir observé notre carte topographique, le choix de l'itinéraire arrêté, nous nous élançons. Il fait bon, tout le monde grimpe gaillardement, sourire aux lèvres. La paroi se redresse de plus en plus et les ravins deviennent cheminées. L'escalade est aisée entre de gros blocs de rochers. Parti en éclaireur avec deux adolescents, je traverse horizontalement deux ou trois couloirs pour observer le plus facile. Quand soudain un bruit épouvantable nous colle à la face basaltique. Je vois sur ma gauche dévaler des rochers gros comme des bahuts auvergnats qui se fracassent en bondissant. Assourdis par le tumulte, je ne peux rien distinguer à cause de la poussière. Je pense à Jacky au gros de la troupe, à cet instant je suis certain de la catastrophe. Rien ne la laissait présager par cette tranquille matinée d'été. Enfin la coulée s'épuise, il n'y a plus que quelques gravillons sauteurs. Je risque une timide tête.

— Ayo!

Apparaît alors la bonne bouille de mon collègue, large sourire aux lèvres.

— Putain ! Tu m'as fait peur je croyais que c'était pour toi.

— Non, c'est passé dans le couloir du milieu.

— Bon et bien nous ne le prendrons pas. Sûr! Allez décampons !

La voie normale qui vient de l'autre versant est rejointe une heure après. Les derniers efforts entre les blocs mal équarris nous hissent sur le toit de la Corse. La vue se prolonge sur le nord où la forme de l'île se dessine nettement dans la mer. Nous nous imaginons à la tête d'un navire, cap sur Nice qui se devine à l'horizon au pied des Alpes, laissant sur notre droite les îles italiennes. Personne ne dit mot, tant l'ambiance est saisissante. Notre chance, et aujourd'hui elle nous a vraiment souri, se trouve dans le mistral. Il dégage l'atmosphère des brumes habituelles en cette saison.

Dans mon dos, donc au sud-ouest, les sommets dansent une sarabande échevelée. Capu Larghia, Punta Minuta, Capu Tighiettu, Paglia Orba, sont à la fête. Assis sans bruit nous écoutons battre le cœur de la Corse.

— J'ai froid.

Solange a rompu le silence, je lui tends mon pull. Les autres consultent le livre d'or enfermé dans une boîte en fer, s'empressant d'ajouter leurs noms. Ils ne sont pas peu fiers et leurs yeux brillants nous récompensent avec force.

Les chutes de pierres nous ayant refroidis, nous faisons un détour par de grands pierriers. Chaussettes retournées sur la tige des chaussures, pour éviter l'immixtion de graviers. Nous bondissons tels des marsupiaux, dans une descente vertigineuse afin de rattraper le lac Cinto. De retour à l'Ercu, une grande courante nous prend aux tripes. Souvent le randonneur est soumis à ce problème. Allez savoir, conserves mal conditionnées, fruits trop verts ?

Pour l'instant tout le monde s'éparpille autour du refuge. Le souci tient au manque de papier. René, avare de ce côté, nous a rationnés. C'est le cas de le dire, le système D se trouve en application, qui l'un utilise les feuilles d'aulnes, l'autre des pierres, les plus malins des mouchoirs en papier.

Le lendemain, les boyaux calmés, tout est rentré dans l'ordre, le ruisseau jouxtant le refuge est le témoin puis l'artisan d'un grand nettoyage. Etrillés, lustrés nous pouvons regagner Ajaccio. Non sans avoir auparavant donné nos restes aux cochons semi-sauvages, qui toujours s'entre disputent avec rage.

Deux jours de relâche, les ados partis, nous en profitons avec René pour établir des reconnaissances et des motifs d'excursion. En escale sur Bonifacio, nous apprécions ce site : ville haute dont les toits en déclivités ordonnées canalisent l'eau dans de vaste citerne. Les rues étroites préservent de la chaleur, mais les maisons aux escaliers intérieurs me laissent perplexes. Ceux-ci sont quasiment verticaux, renseignement pris, ils ont remplacé directement les échelles de salut qui à l'époque lorsque les pillages arabes mettaient la Méditerranée à feu et à sang, étaient levées dès la tombée de la nuit. Peut-être un jour les gouvernements maghrébins s'excuseront publiquement vis-à-vis de l'Europe du sud, comme cette dernière l'a fait pour la colonisation.

A la sortie du bourg proche du cimetière qui se dessine en blanc sur fond bleu d'éther, nous sommes intrigués par une ouverture béante au sol. Curieux de cette succession de marches sans fin, nous tentons un pied, puis l'autre, pas vraiment rassurés. Dans les tréfonds, pointe un rectangle de lumière, descente angoissée pour déboucher au milieu des falaises. Un balcon aménagé surplombe la mer, nous apprenons plus tard, que ce lieu fut construit par les Allemands. Il tenait sous une puissance de feux formidable le détroit de Bonifacio. Quelques années après, il servira de tournage aux « canons de Navaronne. »

Les nouvelles têtes fraîches et pimpantes sont parmi nous, rapides explications de fonctionnement, le train- train peut reprendre. La montagne cette fois-ci nous verra crapahuter durant neuf jours.

Plongés dans les gorges fantastiques du haut Tavignano où les eaux forment des « aqualands » naturels. Nous barbotons avec délectation dans une piscine gigantesque créée par un hasard originel. La tête sous une cascade notre épiderme aspire le liquide, après une journée torride où l'eau a été rationnée à son minimum. Le lendemain, nous débouchons sur le plateau d'Alzo, les mollets à vif. Perché à mille six cents mètres d'altitude, cet endroit n'a point bougé depuis six siècles, le temps a fait une pause, comme parfois il advient en quelques lieux. Trois bergeries se disputent l'espace, l'une affublée du drapeau corse, l'autre du drapeau français.

— Ayo! Bonjour, ce ne sont pas vos collègues plus bas avec le drapeau à tête-de-maure.

— Eux!!! Je ne les connais pas!!! C'est comme dans la vallée du Niolu... Tous indépendantistes!! Sur le papier, il y a plus de vaches qu'au Texas, pour toucher la prime ! Mais sur les billets de la Banque de France, ils ne regardent pas s'il y a le drapeau corse !

L'homme est truculent, charismatique à l'envi. Tout en descellant ses impétueux mulets. Il nous invite à bivouaquer à proximité de sa bergerie. Pendant l'installation du camp, il pratique l'écobuage. Action qui consiste à brûler les épineux, aidant la repousse d'une herbe verte et tendre pour les animaux. Nous lui demandons un oignon de son mini-potager, pour cuisiner notre corned-beef.

Le repas avalé, une douce torpeur nous envahit, suspendus nous sommes, avec le massif du Rotondo dans notre dos, puis la grande barrière au loin qui festoie dans le couchant. Fait unique dans l'année, le soleil s'endort dans la montagne trouée qu'est le Capu Tafanatu. Tel un phare il irradie d'orange et de mauve les arêtes gigantesques.

La légende veut que le diable, vexé de ne pouvoir labourer correctement cette terre, jetât au loin sa charrue qui perça la fameuse montagne.

Peu à peu la nuit vient jeter sa cape noire et nous sombrons dans un sommeil réparateur, la tête dans les étoiles.

C'est au sixième jour de randonnée que nous attaquons le massif du Rotondo. Après une grosse grimpée du pont de Timozzo, nous parvenons aux bergeries du même nom. En montant, nous avons croisé une femme en robe traditionnelle, assise en amazone sur son mulet, image surannée mais ô combien puissante.

— Ayo ! Portez le café.

Les deux femmes interrompent leur partie de dominos.

— Et le sucre ?

Tout sourire et sans un mot, la plus jeune amène quelques morceaux dans un récipient puis se remet à jouer.

— Et les petites cuillères, ba... ba! Il faut tout leur dire.

Celle-ci se relève docilement. Nous restons sans voix, devant ce comportement coercitif. Et c'est gêné, que nous buvons notre noir liquide.

Dans l'humidité matinale nous nous élevons lentement. En bas, le berger panse ses moutons, en nous faisant de grands signes d'adieux. Mamelons après mamelons qui n'en finissent plus, nous atteignons le majestueux lac de l'Oriente; au fond, magnifique et grandiose, le Monte Rotondo impérial se dresse face à nous. Une source limpide nous réhydrate. J'y ai souvent rebu, et je peux affirmer, que de par le monde je n'ai jamais retrouvé une eau aussi pure et légère.

Dans l'après-midi un névé conséquent fait exploser de joie nos adolescents. Puis notre vue porte sur le lac Galèria, gelé pratiquement toute l'année. Maintenant la pente se redresse fortement, chaque pas coûte, l'oxygène est plus rare. Les rochers dantesques et ciselés nous menacent. J'impose le silence absolu pour la progression. Plusieurs jeunes sont au bord de la rupture. Mais nous ne voulons absolument pas nous arrêter, le souvenir du Monte Cinto devient omniprésent! Le ventre tordu d'angoisse, j'avance. Les blocs en équilibre couronnés d'oiseaux noirs m'hypnotisent. Le soleil se voile un instant, relayé par un bref courant d'air glacial... Mentalement, je parle aux granités en leur demandant de nous laisser passer! Les derniers mètres sont quasiment verticaux, l'en- cordage devient primordial...

Ouf, nous sommes en équilibre sur le collet. A nos yeux, un panorama d'une inouïe beauté irradie. En contrebas le fabuleux lac de Bellebone cerclé de névé. Durant ce temps les pointes sombres du cirque déchirent le ciel dans un combat monumental.

Après quelques passages délicats nous posons nos sacs près de l'abri sommital. Puis c'est la ruée dix mètres plus haut au faîte du Rotondo pour imprimer la vue sublime de l'ensemble.

Imaginez pas moins de treize lacs pris dans les rocs dans un panorama à trois cent soixante degrés. Le couchant du soleil darde ses rayons tel un laser. Au loin la mer du golfe d'Ajaccio, puis la ville qui commence à scintiller. Nous touchons la neige en ce mois d'août, muet, le décompte des minutes s'est encore arrêté. Pendant une demi-heure aucun son ne sortira de nos bouches, même de celles soi- disant blasées.

Ce soir je me couche en écoutant Wagner, ce lieu restera à jamais imprimé dans ma mémoire. Pourtant la nuit est agitée, les réveils sont fréquents, comme souvent en altitude. Et puis il y a ces bruits bizarres. Nous avons choisi, les deux moniteurs, de dormir dehors l'abri étant trop petit. Un vent froid cingle par intermittence mon visage... Je l'enfouis sous mon anorak et respire par la manche, une douce chaleur se dégage. Mais toujours ces bruits, qui ressemblent à des pas? Je me redresse et balaie avec ma lampe frontale l'espace devant moi. Rien, uniquement le vide sidéral ponctué d'étoiles. Bon, je ne crois pas aux fantômes, je chercherai une explication rationnelle une prochaine fois et je me rendors.

Le bip-bip agaçant du réveil de Jacky, nous force à nous lever. Le soir il est posé loin de nos duvets, car quand il se trouve à portée de mains, nous avons tendance à le museler pour mieux nous renvoyer dans les bras de Morphée. Cinq heures, les muscles engourdis, le bonnet sur les oreilles, nous n'avons pas l'air très intelligents. Mais bon. Bizarrement j'ai le corps zébré de rouge, encore un mystère de cette montagne. Ce qui ne m'empêche pas de prendre une petite collation froide car il n'y a pas d'eau au sommet, ce sera jus d'orange pour tout le monde.

Le retour se déroule avec bonne humeur. La complicité a joué dans cette équipe. Dans les montées nous déchargions les hiles, puis les garçons prenaient le relais sans que nous ayons mot à dire. Le soir venu, les hiles d'elles- mêmes prenaient un tour de repas aux garçons qui les avaient aidés.

Nous passons devant les bergeries de Spicié à midi, véritable four solaire que ce lieu. Au terminus du périple, nous avons toutes les articulations grinçantes après ces deux mille mètres de dénivelé caillouteux en descente.

Au pied du ferry, tout le personnel de la base nautique est réuni sur le quai pour nous dire au revoir. Xavier, le gérant du club, petit Astérix virevoltant, même Antoine le factotum qui, pour tondre la pelouse du stade de Balléone emprunta les moutons de la bergerie voisine.

— Ayo ! René, tu comprends ! J'allais pas prendre le tracteur avec ce soleil ! !

Grand signe d'adieu, fin de la session 1985.

Au 1^{01} juillet 1986, nous revoilà sur le bateau, surmotivés. Marco nous a quittés; remplacé par Michel qui deviendra pour de nombreuses années, un pivot essentiel du centre. Michel c'est la droiture, l'homme franc, le menton volontaire coiffé de son chapeau, il a l'air du cow-boy pour une célèbre marque de cigarette.

Après un temps de chien durant le séjour mer, Julien nous attend avec son car.

— Allez, allez, pressons!!!

Empêtrés dans leurs bardas, les retardataires ensommeillés se dépêchent. L'ensemble se dirige direction Orto pour le début de randonnée, l'autre groupe s'acheminera sur Guano. Brigitte toujours à son aise monopolise le fauteuil de devant et en profite pour allonger ses interminables cuisses fuselées, maintenues dans un short pas vraiment grand.

— Brigitte, masse ta jambe gauche en partant du haut avec ton pied droit.

— Oh ! Déconne pas, intervient Michel l'œil pétillant.

Trop tard, Julien n'a pu résister à l'attrait et fait un écart avec son véhicule, heureusement sans gravité en cette heure matinale.

— Bon, Brigitte, les prochaines fois, survêtement obligatoire.

Nous arrivons à Orto, notre groupe fait ses adieux à ses camarades. Puis nous entamons une grosse montée en direction du Capu Pantanu, Brigitte ferme la marche selon notre mode de fonctionnement bien huilé.

La prise de contact a été rude avec ces cinq cents mètres de dénivelé à franchir avant midi, la soirée sera plus facile pour arriver au lac du Creno.

Plan d'eau naturel, typique avec ses nénuphars entourés de solennels épineux. Pourtant ce réservoir naturel se meurt. En effet les ruisseaux qui l'alimentaient se sont détournés naturellement en voulant gagner leur liberté. Par ailleurs, je m'absorbe dans la lecture de la carte, au même moment Brigitte s'active à la répartition des victuailles. Tous les soirs cette tâche ingrate, permet d'éviter les plaintes de celui portant les boîtes de haricots qui ne se mangeront qu'au troisième jour. En revanche, il est demandé de bien mémoriser ses provisions. Car il demeure pénible lorsqu'une boîte est manquante de s'entendre dire, « c'est pas moi ». L'opération « évacuation générale des sacs » devient obligatoire pour récupérer le bien.

Une heure du matin, le clair de lune dessine la cime des arbres avec netteté. Dommage quelques nuées se sont interposées en même temps que de violentes douleurs me tordent le ventre. Le vent s'est levé, j'hésite à quitter la chaleur du duvet. Après une bataille de l'esprit sur les intestins, ces derniers emportent la partie et je m'extirpe de mon nid douillet.

Je ne m'explique pas cette diarrhée mais au contraire de s'enfuir la douleur s'accroît. Pour rajouter dans le fantastique, mon papier s'envole. Je le poursuis cul nu dans la forêt, au travers des bandes de brouillards qui montent du ravin en contrebas du lac. C'est fou comme la souffrance peut effacer la pudeur.

Au petit déjeuner diète, à midi diète, durant la marche par à-coups, je me jette dans les buissons pour me vider. La pharmacopée emportée par Brigitte est impuissante, le soir je me couche avec juste un peu de semoule dans l'estomac.

Lever du camp aux aurores comme d'habitude, pour éviter la marche aux heures les plus chaudes, l'indisposition sanitaire reste la même. A dix heures tout le monde jure sur le cœur qu'il n'a pas les bananes sèches en en-cas. Sauf *fachou maco* (vantard) qui prétend lui avoir des sardines déshydratées. Flairant le quiproquo, je lui demande de me les montrer. Evidemment, notre ami a confondu le poisson bleu de l'océan, avec le fruit des tropiques.

Le temps n'est pas franchement formidable quand nous parvenons au lac de Goria pour le midi. J'en suis toujours à la potion médicamenteuse, sans rien de solide dans le ventre. C'est vrai que j'ai délégué facilement la partie médicale à ma collègue. Supportant difficilement le défilé quotidien des soins après le petit déjeuner, bobos le plus souvent affectifs que réels.

Nous montons toujours, dans la brèche Chiostru, j'ai des vertiges, et je dois serrer les dents pour maintenir la cadence, car une majorité d'ados en sport études veulent l'affrontement hormonal.

Nous pensions croiser René ou Jacky et Michel avec leur groupe. Nous leur laissons donc un message sous film plastique entouré de sparadrap sur un rocher.

Par ailleurs s'annonce une descente dans l'angoisse, une brume épaisse réduit notre visibilité à moins de huit mètres. Le passage n'est pas indiqué sur la carte, mais cairné. L'axe est en azimut brutal, mais l'orientation ne l'entend pas de cette oreille et nous propose une patte-d'oie. Boussole et relevé topographique nous indiquent les anciennes bergeries de Mélo en ligne directe par la direction de gauche. Banco. Mais au fil des mètres les cairns deviennent de plus en plus petits.

Notre souci, selon la loi de l'emmerdement maximum, s'agrandit, car l'accès maintenant se résume à soixante-dix centimètres de large sur une vire, avec en contrebas un ravin à pic. Cette passe délicate n'est pas vraiment longue. Pour sécuriser l'ensemble, je fais lever les sacs et les transporter quelques mètres plus bas. Avec Brigitte, nous nous allongeons à même le sol côté vide et engageons un par un les adolescents sur la surface restante. L'issue franchie, le brouillard se lève un peu, trente minutes plus tard nous touchons les ruines de la bergerie.

Le lendemain, nous nous infiltrons dans les parois du ravin de Cavaciolle face aux bergeries de grotelle. Sur les dix heures, ma collaboratrice n'ayant plus de sachet chimique à me donner, je me décide à fouiller dans la boîte à croix verte, et découvre au bonheur des pansements intestinaux antiseptiques. Deux heures après, je suis guéri et m'alimente tel un mort de faim. En fin d'après-midi, nous sommes au-dessus du lac portant le nom du ravin, pour le bivouac avec l'autre équipe.

Michel a contracté une grosse entorse en posant son pied sur un rocher bancal. Ses traits sont crispés, il endure des douleurs lancinantes, alternant envie de vomir et vertiges. Dans l'impossibilité de se mouvoir le lendemain matin, le groupe de Jacky ira chercher les secours. Après avoir prodigué maints encouragement à notre ami, nous continuons le parcours.

Michel maintenant se trouve seul dans une ombre glacée, au fond de ce vallon inhospitalier. Le temps semble interminable, et le fromage à pâte cuite placé à proximité, n'est pas vraiment d'un grand réconfort. Depuis plusieurs heures il est immobile se disant que l'hélicoptère devrait arriver. Soudain le bruit des pâles retentit, l'engin fait un cercle et repart.

Incrédule, Michel réalise que la plupart de ses effets sont de couleur kaki. Le pilote ne l'a donc pas discerné.

D'ailleurs de retour à la base de Corte, le commandant de la sécurité civile apostrophe René.

— Oh ! Votre gars n'est pas sur zone

— Ah ! Mais, je suis certain de l'indication de mon deuxième moniteur.

— Bon, embarquez, nous allons faire un deuxième passage.

À nouveau le bruit du moteur se fait entendre, cette fois- ci Michel est paré. Il a empoigné sa couverture de survie au reflet d'aluminium et la fait tournoyer au-dessus de sa tête. L'hélico en stationnaire le hisse. Surpris l'infortuné découvre la tête de son directeur qui lui lance.

— Ayo ! Ça va, Tonton ?

— Mais qu'est-ce que tu fiches là ?

— Ben, j'avais un peu de fric je me suis acheté un hélicoptère avec pilote, ducon !

Michel sourit, mais le commandant ne goûte que très peu la plaisanterie. Pince-sans-rire René, cultive aussi l'art d'être toujours où l'on ne l'attend pas. En montagne il erre de sommets en crêtes et ravins transversaux. Le plus fréquemment perché au-dessus de ses groupes. Il dort ou il s'y essaie dans des endroits impossibles. Pour surgir à n'importe quelle heure du jour, voire de la nuit.

De notre côté nous funambulons sur une crête. Je relève un passage adéquat qui nous emmène via un immense névé au lac de Bellebone. Pour le déjeuner le piolet sert d'ouvre-boîtes, ce dernier ayant été égaré. Dorénavant je le déposerai dans la pochette de survie avec les fusées. L'ascension du Rotondo cette fois ne récompensera pas nos efforts, car la vue est bouchée. Nous refaisons le parcours de la journée à l'envers et bivouaquons à Manica entre pierres et neiges. Le froid est si vif que nous décidons d'adopter la position des sardines en boîte. A l'aube les pieds de nos duvets sont recouverts de glace. Mais tout le monde a bien dormi. Même Nathalie un peu frileuse. Pour couronner l'ensemble, le mistral se lève, donnant l'impression d'être en haute mer par un temps déchaîné. J'adore en ces moments l'étanchéité de ma capuche. Ainsi va notre dernière journée sans difficultés importantes. Zazou et Fachou Macou s'invectivent promettant de se pousser à la première falaise à la plus grande joie du groupe, El Gato plus âgé s'en mêle en leur jurant de prendre l'un pour frapper l'autre. Trois secondes et deux interventions plus tard, je les ramène au calme. C'est vrai la progression s'avère plus facile et les ados se relâchent. Mais par expérience, je sais ces moments les plus accidentogènes, surtout dans les descentes.

En direction de l'ouest, nous parvenons aux bergeries de Bassitone à midi au lieu de seize heures. Le repas fini Brigitte propose de s'avancer sur Guagno, terme de cette Rando, afin de gagner un jour. Je ne suis pas chaud, mais ne voulant pas contredire ma partenaire devant toute l'assemblée, j'acquiesce.

Nous suivons donc une sente qui n'en finit pas. Les heures s'écoulent sans village à l'horizon. Même un bief par un effet d'optique monte alors qu'il descend. Je sens la troupe en état limite, douze heures que nous pérégrinons. Le découragement gagne, quand enfin nous débouchons à l'orée du village par un cimetière. Pourtant le deuxième ennui est de trouver un endroit pour dormir. Notre arrivée était prévue au car pour le lendemain midi. Nous déambulons dans la localité à la recherche d'un pré, pas trop pentu. Lorsque je rencontre une dame en villégiature qui se trouve être une voisine de Marseille et la mère d'un copain de collège. Bien gentiment elle nous permet d'user de son terrain.

Nous sommes sortis d'affaire pour quelques heures seulement. Le lampadaire municipal sous lequel nous demeurons, s'allume, une fois dans le duvet, tel un projecteur. La tête enfouie sous les vêtements, le problème n'est pas réglé pour autant. Un chien névrotique prend le relais et aboie toute la nuit.

La lueur du soleil matinal extirpe nos corps endoloris du couchage. Après un bref inventaire du matériel, nous nous dirigeons vers la fontaine lavoir du village. Détente et ablutions sont au programme, quand une image désuète apparaît. Une jeune femme pieds nus en robe traditionnelle, cruche sur la tête, vient chercher de l'eau. Sourire aux lèvres, elle s'excuse presque de nous déranger d'emplir son pot. Bouche bée, le regard affectif, nous gravons l'image, témoins privilégiés d'un temps révolu.

Le Camp I parti, je m'attache à la vérification du matériel. En complétant la pharmacie, je lis distraitement la notice restée à la base, des sachets donnés par Brigitte pour me soigner. Et là, je crie à l'assassin, il s'agissait de poudre stomacale ayant comme effet secondaire des coliques. Bilan sept kilos en moins en deux jours.

Confuse de son erreur, notre amie essaie une pirouette.

— Mais j'ai essayé de soigner le mal par le mal.

— D'accord, mais dans une autre vie ne sois pas docteur ou alors spécialiste de l'euthanasie.

Le soir venu, je dévore la bouillabaisse d'un restaurant renommé, rue Fech. Impressionné le patron m'affirme, que c'est la première fois que son plat est fini par un client, il m'offre donc le digestif. Ragaillardie, nous accueillons le deuxième groupe.

Marc, l'ami d'enfance, a quitté un moment son costume d'ingénieur, pour remplacer Michel. Le séjour mer prend des allures d'énorme complicité. C'est une troisième mi- temps permanente où personne ne peut prendre un bain de minuit sans voir ses affaires disparaître, où les pneus se retrouvent collés sur les murs à la colle ultrarapide, idem pour les tasses dans leurs soucoupes. Le tempo aidant, les inventions font flores. Enterrement dans le sable d'ados avec serviette sur la tête pour respirer, et bras affleurant la surface afin de saisir les jambes d'innocents baigneurs. Certains ont même poussé le vice jusqu'à faucher les appareils photos des filles, dans le but d'immortaliser leurs testicules. Le boîtier remis innocemment dans le sac de la propriétaire. Bonjour l'ambiance quand le père va chercher les tirages au terme des vacances.

Sur la plage, les parties de volley se succèdent avec Patrick, jeune ado à l'allure d'un chanteur célèbre du même prénom. Il a une côte folle et c'est amusant de le voir en hésitation. Mais certaines, lassées de ses atermoiements se tournent vers l'extérieur. Notre vigilance est mise à rude épreuve, pour empêcher les relations avec les véliplanchistes, voire les militaires stagiaires de la base d'Aspreto.

Cette session concentre une avalanche de pin- up qui feraient les beaux jours de nombreux magazines. René est en transe. C'est donc lampe frontale en place que nous déambulons sur la plage au moment du coucher aux alentours des vingt-trois heures à la recherche de nos filles. Le groupe au complet, un mono parfois est amené à dormir devant le dortoir féminin dans son sac de couchage à la belle étoile.

Au cours du stage, Marc, en milieu de nuit devra prendre une barre de fer pour dissuader quelques militaires éméchés. D'autres fois ce sont quelques pierres qui viennent s'abattre sur nos portes-fenêtres. D'un bond dans nos chaussures de montagnes, plus pratiques pour filer un coup de pompe, on se retrouve à scruter l'obscurité. Ce cumul de fatigue doit se gérer, car l'hyperactivité sportive sur soixante jours ne nous laisse guère le temps de la récupération.

Ainsi, c'est une randonnée classique, Rotondo, Goria, Alzo, qui nous est offerte.

Le troisième camp en août nous fera découvrir la Popolasca, la bocca di scafa où nous rencontrerons quelques unités paramilitaires équipées de poste émetteur, et les anciens thermes de la Vetta di Muro. Ce lieu de cure utilisé il y a quelques siècles, se trouve isolé dans un chaos minéral. L'eau jaillissant en cascade de la roche est d'une rare saveur. Malgré ce, je persiste à croire que les vertus d'amaigrissement tenaient plus à l'effort pédestre fourni par les curistes. En effet situé à quelque deux mille mètres, quatre à cinq heures de marche épouvantable sont nécessaires à son accès, depuis la première route carrossable. Notre parcours se poursuivra sur le massif de la Muvrella, puis naturellement nous plongerons sur le cirque de la solitude, Paglia Orba et sortie à Verghio. Arrivés le matin les jeunes se retrouveront dans le bateau du retour, la tête encore dans l'empyrée.

L'année suivante je m'offre un break en effectuant une saison d'économat en compagnie de Brigitte promue directrice de centre.

Tout se déroule dans la décontraction. Mais kalisté me démange et 1988 me voit à nouveau sur le pont d'un Cargo. La première randonnée séjournera aux alentours du lac de Bastelica et du Monte Renoso. Le nom de ce dernier provient du latin arena qui veut dire sable. C'est une preuve de la platitude de ce sommet, comme le reste de ce parcours par le lac de Vitalaca. Il s'agit d'une promenade d'altitude en cinq jours, mais en aucun cas de montagne au sens pur de l'étymologie.

La deuxième sera plus conforme à l'esprit, tout s'effectue dans un univers vertical. Partis très tôt d'Ajaccio en prenant la micheline corse, attraction à elle seule. Cette antique chenille se faufile en ahanant dans un univers granitique. Vizzavona atteint poussivement, c'est avec un soupir de soulagement que la locomotive entame la descente. Je n'ai pu lire le journal si ce n'est les gros titres, tellement les secousses sont intempestives. Arrivés à Ponte Leccia, nous embarquons dans les minibus direction Asco par les gorges du même nom. Au terminus de la route, nous installons le camp dans le vallon de Tighiettu, trente minutes après la station de ski.

Face à nous le Capu Larghia nous surplombe de mille cent mètres supplémentaires. À notre droite, une deuxième muraille, celle du Cinto.

Le but est de franchir le col du Vallon à gauche du Capu Larghia. Itinéraire engagé, mais ô combien grandiose. Bien sûr, pour un alpiniste confirmé cela prête à sourire. Mais pour des adolescents, plutôt habitués aux jeux vidéos et à la serviette sur la plage, le mode de vie risque d'être réellement différent. La petite difficulté technique peut vite devenir problématique. Justement une demi- heure plus tard, nous voilà face à une barre rocheuse. Michel, mon confrère baroudeur s'engage le premier, corde attachée. Je le rejoins quelques instants après sur une petite vire. En contrebas, Raphaëlle, une stagiaire férue d'athlétisme, noue les sacs au brin, nous les hissons un par un. La séance de musculation terminée, je redescends pour assurer le groupe. Michel réceptionne. C'est agréable de bosser avec lui, tout prend une précision d'horloger suisse.

L'opération exécutée, nous posons nos semelles dans le couloir. Sublime ! Violence des couleurs, opposition des rochers avec le ciel, cascades blanches sur noires parois. Le corps ne ressent pas la pénibilité de la montée, le sac ne pèse plus. La machine à endorphine et testostérone fonctionne à plein régime. Dans ces moments, j'ai vraiment l'impression que mon esprit plane loin au-dessus de mon physique, s'échappe pour un tour sur les sommets, croise avec le vol d'un choucas, touche le soleil sans se brûler les ailes. Et toujours l'azur céleste au-dessus de nous, aujourd'hui c'est sûr, nous y montons vivant.

Nous prenons le déjeuner, sur un immense névé, face au Capu Larghia, tour titanesque, surmonté d'un créneau géant, dénommé brèche Félix. L'arête nord masque le cirque de Trimbolacciu. Lieu sauvage parmi le sauvage, la marche du temps s'y est bloquée, genèse rocheuse rarement foulée par le pied humain.

Les rayons ultraviolets travaillant notre couleur, force de crème n'y peuvent pas grand-chose. Sereins, nous reprenons la marche jusqu'au col. En fin d'après midi les sacs sont posés sur le plan le moins incliné de la Bocca Suprana.

L'autre groupe de Jacky et Brigitte, n'est pas mieux loti, aujourd'hui nos randos se croisent en échangeant quelques anecdotes.

Le lendemain, nous gravissons le Cinto en allégé, par l'est. De retour au bivouac, je ressens l'envie furieuse de me laver. A proximité une froide cascade peu engageante m'y convie. Le temps bouché, cumulé au vent frais n'empêche pas ma détermination. J'attends patiemment un rayon de soleil. Celui-ci cligne de l'œil cinq minutes. Suffisant pour que je me jette sous une eau tonique, mais en fait glaciale. Une fois sec, je me sens un autre homme, selon la formule consacrée. Mais curieux, je veux voir d'où vient cette chute. J'entreprends quelques instants de varappe pour apercevoir un énorme névé, père de cette eau glacée. Ceci explique cela. Courageux, Michel, tentera lui aussi l'expérience.

Le lendemain verra une escale dans le lieu magique de Ballone et un ravitaillement à la grotte des anges. Journée relâche où les ados réunis, je leur annonce deux mauvaises nouvelles, les monos feront la cuisine et la vaisselle. Hurlement collectif de joie. Nous bouclerons cet itinéraire sur un retour par le cirque de la Solitude.

Au mois d'août, Brigitte encadre avec moi. Nous quittons Corte pour remonter le Tavignano sous une chaleur accablante. Le soir, nous trouvons un superbe bivouac à proximité de la rivière. Par un hasard naturel, le torrent a formé un énorme dolmen sur sa rive droite. Le sol sablonneux complétera cette chambre originale. Le jour suivant, après une rude montée de mille mètres, Alzo et son plateau nous accueillent à nouveau. À proximité de la maison forestière, je cherche la source indiquée sur la carte. Ne trouvant rien, je m'enquiers auprès d'une des trois bergeries, celle sans drapeau. Quatre hommes se trouvent dans son enceinte, assis à l'abri d'un mur circulaire.

— Ayo ! Bonjour

Pas de réponse, visages austères, aucun de leurs cils ne bouge.

— Je suis l'accompagnateur du groupe, nous bivouaquons à la maison forestière, je suis à la recherche de la source.

N'ayant pas une tête d'une beauté insultante, ni moche, ni trop conne, l'atmosphère se détend.

— Oui, bonjour!! La soouurceü Ellle se trouve! Dans l'enclos! Derrrièère la maison!... C'était un ancien jardin, ellle est mal marquée... sur la carte!! Ellle coule comme le poing.

— On peut la boire.

— Bien sûr!! Vous pouvez boire tout ce que vous vous voudrez !

— Merci bien Messieurs, une bonne soirée!!

Ils me répondent d'un signe de tête l'œil malicieux. Ils ont compris que nous n'étions pas des emmerdeurs, à qui il manque toujours quelque chose. Ils apercevaient tout en me parlant le camp s'installer avec méthode. D'ailleurs Brigitte à déjà fait sortir les duvets, pliés en deux dans leurs sursacs pour exposer la partie étanche au contact du sol et à l'air, afin d'esquiver l'humidité.

Un vent frisquet nous réveille, une heure après nous sommes sur le départ. C'est une bonne équipe. La mesure s'effectue en temps de préparatifs: jusqu'à une heure quinze, nous avons une équipe turbo, entre le quart et la demie c'est la norme. Au-delà, le groupe n'a pas la tête à ça. Il faudra se réunir, parler, écouter, faire surgir les points de blocage. Il peut ressortir des choses apparemment sans lien.

Telle fille voulait faire partie de l'autre groupe, parce qu'elle trouvait la coiffure de X craquante. Donc elle a décidé de faire le museau, sa copine la suit. Les garçons se détachent, perdent deux ans de maturité et retrouvent des jeux de merdeux. Il nous appartiendra de nous isoler avec l'infortunée, tout en restant à vue du groupe. Lui expliquer que le chemin vers le monde des adultes passe par l'acceptation du refus. Ainsi, être imbuvable avec chacun est une politique du pire. Si un rejet général s'entame, elle aura plus de mal à espérer un hypothétique contact avec son objectif. Et puis le temps n'est-il pas le plus puissant des cicatrisants.

Mais sur ce camp, tout baigne. Le ravitaillement acquis au pont de Frasseta, après une baignade nous arpentons la terrible montée de Timozzo, sacs à dos surchargés, la forêt s'éclaircit annonçant le proche repos. Apparaît bientôt le drapeau français, sur le toit de la bergerie centrale. Don José le berger a autoproclamé ce lieu, République de Timozzo. Cent cinquante mètres plus loin, une fille se penche pour ramasser un linge étendu. D'une inspiration subite je me tourne vers Brigitte.

— Tu vois, cette personne, ça sent le professorat de gym option danse GRS.

— À quoi tu le vois ?

— La tombée générale, et le délié gracieux.

— Ah oui ! Et tu paries quoi ?

— Un tour de plonge.

Brigitte fit la vaisselle.

Nous nous installons sur un replat au-dessus de la construction pastorale. L'autre groupe de la Rando A se trouve en contrebas. Je leur demande où se trouvent Jacky et Michel. D'un élan commun m'est désignée la bergerie à proximité.

Flanqués d'une bouteille d'alcool anisé bien célèbre, nous retrouvons nos deux compères en compagnie d'un jeune couple hollandais, de la pétillante prof de gym, son compagnon, un ami à eux, Don Joseph le propriétaire des lieux et son voisin Pascal.

D'un signe Michel m'a fait comprendre qu'il s'agit d'un traquenard alcoolisé.

Bouteille offerte, le berger et son fils nous servent deux pastis à la couleur de lait tellement ils sont tassés. Aussitôt bus la deuxième tournée est dans le verre. Miracle, nos hôtes s'absentent momentanément pour aller retourner quelques fromages. Aussitôt je déverse mon récipient, puis celui de Brigitte dans l'évier placé derrière moi.

Le maître de maison revenu insiste pour que nous restions, souper, nous déclinons leur offre. Nous avons un groupe sous notre autorité, je lui promets devant son insistance notre retour au dessert, une fois nos chérubins couchés.

Ainsi le repas fini, Don José nous réaccueille.

— Ayo, prends une assiette !

— Mais nous avons mangé !

— Ba, ne commence pas ! Ou je prends le fusil !!!

Le moyen de faire autrement ?

— Vous allez goûter la soupe... Corse!

Diantre ! Mes amis, toutes les critiques culinaires et chefs de France peuvent s'aligner. Au début les ingrédients sont bio sans le savoir. Tous issus d'un milieu naturel vierge d'industrie.

Don José décroche la lourde marmite de fonte, suspendue dans l'âtre, chauffée par un doux feu de bois. Il me sert un met plus solide que liquide. Sont mêlés, lentilles, pennes, choux, lard et autres salaisons. Je dois bien oublier les deux tiers des composants, mais à mon grand regret je ne connais pas la recette. De toute façon si c'est pour la refaire chez moi, en ville, avec des légumes industriels qui ne connaissent pas la terre, suspendus qu'ils sont au-dessus d'un liquide chimique les alimentant, le jeu n'en vaut pas la chandelle.

L'assiette finie, impossible de refuser la seconde. Brigitte est au bord de l'explosion. Maligne, elle prendra la suite des opérations, afin d'établir le service sous son contrôle. Viennent ensuite les charcuteries maison, lonzo, coppa, figatelli, jambon. Succulent. Bruccio sur son lit de fougères. Chaque bouchée de ce fromage exhale les parfums de maquis, myrte, origan, genièvre dansent la sarabande, sur des papilles surexcitées. Pour finir, la craquante prof de gym nous a confectionné une superbe tarte aux poires. Les fruits cueillis sur un valeureux arbre dix mètres plus loin, du bio je vous dis.

— Allez ton verre est vide !

— Non, non il en reste encore.

Incroyable est le nombre de bouteilles éclusées. J'ai beau me multiplier, pour jeter quelques verres au bord du feu, dans mon dos. Don José veille. La consommation est identique à la rue de la soif bien connue des rugbymen. L'ambiance alterne entre chants corse, guitares, anecdotes, tours de table sur chaises etc. Les Hollandais se demandent où ils sont tombés.

Quoi qu'il en soit, merci à toi Don José tu nous as procuré une soirée inoubliable.

Je crains pour me lever, non ça fonctionne, plutôt bien. Avant de me coucher, l'envie d'uriner m'assaille. Le soulagement est continu, à croire un tuyau connecté dans mon dos. Dorénavant la Restonica à un nouvel affluent.

Cinq heures le réveil s'actionne, nous sommes sur pied une heure avant l'autre groupe, notre étape étant plus longue. Sur le départ, je réveille Michel et Jacky! Leurs têtes ressemblent à des ballons de football.

Je m'en vais en leur chantant un refrain de la veille. Leurs sourires m'accompagnent sur les premiers lacets de la montée. Au lac de l'Oriente nous serons rejoints par Nathalie la prof, Bernard son compagnon et leur copain. Ainsi je leur indique la voie pour le sommet. Nous nous croisons souvent et arrivons ensemble. Brigitte craque littéralement pour Stéphane, grand beau brun, un corps bâti pour les huit cents mètres. Je pense que c'est réciproque. Amusé, j'observe. Nous allons dormir dans l'abri Hellbroner. Brigitte tend un stylo à Stéphane, avant de nous quitter nos amis veulent laisser leurs noms sur un chevron de la charpente. Puis ils entament leur descente ponctuée de grands signes d'adieux.

— Alors?

Brigitte confuse.

— Ben quoi, je lui ai passé mon stylo, s'il n'a pas compris que je désirais son adresse.

— Mais pas vrai ces hiles, comment veux-tu qu'il saisisse quoi que ce soit. Il pense que nous sommes ensemble. De plus je ne vais pas lui dire « Eh ! Oh ! Ce n'est qu'une copine, tu peux y aller. » Il se démerde. Mais vous les nanas, c'est incroyable le nombre de frustrations que vous pouvez engendrer dans une vie, en n'appuyant jamais sur le bouton action.

— Oui, mais!

— Mais quoi ! Descends, cours, rattrape-le.

— Euh!!

Tout en est resté au stade platonique pendant quelques jours, Brigitte effeuillera les pétales de fleurs, perdue dans un songe où il est question de prince charmant, chevauchant les fiers sommets corses.

René toujours à la recherche d'itinéraire non défriché nous concocte au camp III, une originalité, par le canyon de la Réchiusa. L'autre groupe exécutera un trek plus facile sur les platitudes de lTncudine.

Partis avec Jacky sous une pluie fine, le temps s'améliore et nous profitons de quelques jacuzzis naturels. Le soir venu, nous dégageons au coupe-coupe, qui a servi toute la montée, un espace assez large pour pouvoir entreposer duvet et matériel. C'est vraiment le royaume des ronces. Dans la nuit, je suis réveillé par un cochon sauvage qui viendra appliquer son groin baveux sur ma joue. Comme bise j'ai connu plus délicat.

Nous avons quitté le canyon encaissé pour attaquer la Punta Migliarello par la remarquable face sud, escarpée et rocheuse. A midi, après avoir dépassé une cascade, nous sommes au lieu-dit « *Tanelle* ». Endroit isolé, sauvage, au pied du glacier de « *Busso* » humble vestige d'un temps plus glorieux. Une grosse partie du groupe s'est positionnée sur une minuscule plage, de l'autre côté du cours d'eau, au pied de la paroi, à l'abri du soleil brûlant.

Soudain, dans l'apathie générale de quatorze heures, tout se mue. Les lourds cumulus ferment le cirque d'un couvercle d'acier. Un air frais balaie le glacis.

Je n'ai que le temps de crier: Poncho !

A force de vivre dehors, des pressentiments ne trompent pas. Heureusement, les stagiaires sont rodés, plus d'affaires éparses, les sacs fermés et la toile salvatrice sur le dessus.

Bababam ! Un bruit tellurique se répercute sur les sombres falaises qui nous enserrent. Aussitôt, le déluge. Les gouttes rebondissent à près de soixante-dix centimètres. Éclairs frappant à proximité, je positionne le piolet sous mon sac. Quand affolés les ados hurlent:

— La rivière monte !

Ce qui n'était qu'un petit ruisseau large d'un mètre, s'est transformé en torrent fou furieux. Le microglacier en amont faisant office de barrage maintenant déverse.

A ce moment précis, Jackv devient un héros. Il se précipite, jette son poncho, soulève des blocs de pierres immenses et les projette avec rage au cœur de l'onde bouillonnante. Gagné par sa ferveur, j'en arrache d'autres à la glaise. Il se positionne en équilibre sur les deux piles confectionnées à la hâte. Je lance la corde de l'autre côté de la berge. Jacky attrape la première fille pétrifiée. Muscles tendus, ses jambes de skieur ayant acquis l'entraînement idoine avec le champion du monde citadin, le maintiennent dans un équilibre quand même précaire. Derrière lui à deux mètres, le bruit effroyable de l'eau se fracassant en cascade couvre nos voix. Le flux continue de monter, et recouvre les pieds des ados. Sans discontinuer, la pluie gifle nos visages dans un paysage de fin du monde entouré d'éclairs.

Imperturbable, au mépris du danger, cent fois perdant l'équilibre, cent fois il se rétablit. La ligne de vie, corde tendue dans nos dos, prend tout son sens.

Pourtant le garçon le plus âgé, resté en dernier, détache le bout. Jacky lui tend sa main d'un dernier effort, dorsaux meurtris, il le happe sur le minuscule plot. Je l'accueille d'une main, l'autre tenant le fil attaché sur la berge. Jacky passe, de l'eau jusqu'à la taille je m'extirpe gelé, c'est fini.

Ainsi, à aucun moment, il n'v a eu de panique, mon collègue plaisantant chaque fois qu'il le pouvait et nous continuons. Car les adolescents et leur instinct animal, sentent si la situation n'est pas sous contrôle. La suite alors devient vite ingérable.

Mais dans notre for intérieur, nous savons que nous sommes passés à côté de quelque chose qui aurait pu être très grave.

L'orage a pris fin. Trempés, nous attaquons une raide pente rocheuse, qui nous permet de gagner la grande combe entre la Punta Lacciore et la Migliarello, au milieu de curieuses salamandres.

De grandes dalles granitiques feront l'affaire pour ce bivouac. Le panorama d'ici est superbe. Le repas exécuté, je goûte quelques instants de quiétude. J'aime ces moments, où je sais les tensions de la journée assagies. À mes pieds les grandes vallées se déroulent jusqu'au golfe d'Ajaccio qui brille dans le couchant. Je pense à la Corse, on parle d'Australie en terme d'île continent. Mais si on dépliait kalisté ne

serait-elle pas non plus un continent.
Jamais de par le monde, il n'existe en aussi peu de surface, une telle variété de paysages.

Surgie de l'ancienne Tyrrhénide qui la reliait au massif des Maures. En Méditerranée aucune île n'a chu d'aussi haut dans le bleu marin. Arrachée des flots avec hargne et sauvage beauté, elle est née d'un baiser du soleil à la mer. Blanc des sommets, écumes des rivages. L'Etna rivalise et dépasse même, mais l'on sait le caractère éphémère d'un cône volcanique à l'échelle géologique. Je me souviens de tous ces sommets à deux mille cinq cents mètres lancés au- dessus des flots, du niveau de la mer, expression qui ici prend tout son sens. Les golfes déchiquetés voient mûrir le citronnier, alors que les cimes glacent l'alpiniste.

« La Corse est une montagne dans la mer », a dit le poète.

Shisteuse et alpine au nord-est, cristalline et hercynienne sur l'ouest et le sud. Corse haute, profonde, désolée parfois, solitaire souvent contre la mer toujours. L'élément liquide a apporté au fil des siècles, sévices, invasions, angoisse, pirates, fureur, barbares. La montagne c'est le refuge, elle est l'identité rassurante, elle accueille le pourchassé, le hors-la-loi, le mouflon.

Sur l'ouest la verticalité du paysage s'impose. Aprement les cours d'eau s'enchâssent en d'étroits défilés. Dans son entier prédomine sur le royaume hercynien l'asymétrie, point de pénéplaine, mais des vais vertigineux, crêtes aiguisées, canons étroits. Dans ce relief chaviré, nous sommes collationnés au plus magnifique musée minéral du monde. Grenat de Piana, pourpre de la Paglia, zinzolin du Cinto, émeraude du cap, aiguilles de Bavella, « taffoni » bouches de granité tourmentées par l'érosion éolienne. Le tout saupoudré de lac, diamants jetés par des fées selon la légende.

Le grand socle de la Corse, n'est jamais égal partout, porphyroïde, mica, feldspath, quartz se marient à l'infini. Granité vert sur les marches orientales, le mica se transforme en chlorite. Pourtant les roches cristallines se sont immiscées, l'érosion active, la profusion d'eaux bondissantes, l'abrupt des parois, sculptent la roche à grands chocs.

La géologie en Corse est secrète, identique à ses habitants, comme partout dans le monde, influencés par les lignes géologiques de la terre.

Qui penserait le Cinto être le fruit d'une activité volcanique extrême à la fin du primaire? Témoins figés, les épanchements de laves en coulées de Rhyolite rouge.

Cet ancien massif cristallin qui court du sud pour s'élever par Bavella, Incudine, Renoso, Oro, Rotondo et finir altier en Cinto sur le nord-ouest.

C'est une réelle barrière, que ce rempart cyclopéen. Quatre cols seulement la percent. « L'en deçà des monts ; l'au-delà des monts », le premier plus peuplé influencé par Gênes et Florence, le second plus Corse, plus inaccessible. Terre de communes, contre terre des seigneurs. La démocratie s'oppose au féodal. Pendant des siècles, la montagne a constitué l'abri contre les invasions maures et le paludisme, mais aussi un réservoir d'humidité avec forêts et pâturages. Elle a été le catalyseur de mouvements pendulaires plages, montagnes, des bergers.

La côte vivait alors sous l'emprise économique des altitudes où étaient produits, seigles, châtaignes, lin, fourrage.

La route a inversé le processus économique. Mais la montagne garde son autonomie, il est sidérant de savoir que la vallée du Niolu et Calasima ne furent reliés à l'extérieur qu'à partir des années soixante.

Car autrefois, d'une époque avant le macadam, pour qui pénétrait dans le Niolu, l'angoisse collait à la peau. A la scala di Santa Régina, coupé en marches dans le roc, l'effrayant sentier muletier compose avec l'abîme. En moult endroits, à la moindre inattention, c'était la chute dans l'écume bouillonnante ou le déchirement sur le granit hérissé. Aujourd'hui encore, de ténébreux remparts, de part et d'autre des lacets, semblent prêts à broyer dans leurs mâchoires, le malheureux passant.

À altitude moyenne se trouvent le maquis et ses légendes de bandits d'honneur. Spada était le plus grand. Son ombre plane encore les nuits venues lors des grands vents d'automne. Comment ne pas l'imaginer par-dessus la multitude de villages gris et austères qui s'étirent sur les crêtes de la Castinaccia. Région qui nous renvoie au temps des Celtes quand la forêt des Carnutes couvrait les Gaules. Elle offre un balcon naturel face aux hauts sommets. Le Mont d'Oro parmi eux le bien nommé. Sous ce nom se cache le mot celtique Doro qui a procuré torrent. On le trouve partout (Mont d'Or, Dore, Dordogne, Durance, Adour, Doria etc.).

Je m'ébroue, puis grignote un morceau de pain. Ce dernier est fabuleux, il ne sèche pas, dense, à la pâte bistre, cuit dans un four séculaire, par un boulanger haut en couleur. S'en procurer n'a pas été une mince affaire, l'artisan ne possède pas de téléphone.

Nous avions passé la commande oralement, avec René, la semaine précédente. La scène s'était déroulée de manière cocasse, résumant en deux minutes la mentalité corse, à qui n'a pas la sensibilité pour la saisir.

Dans le magasin devant nous, un estivant francilien s'impatientait :

— Bjour, je voudr' un pain ! Siouplé i Et vite j'suis pressé !

Sur les étagères plusieurs sortes de miches odorantes croustillent en attendant.

— Baba ! Du pain ! Y en a plus ! ! i

— Mais là derrière vous.

— Il est vendu ! Basta !

Désappointé, le jeune cadre golden Cac quarante, s'en retourne. Nous allions lui emboîter le pas. Quand, d'un regard le boulanger nous interroge.

— Eh bien nous voulions prendre du pain, mais si vous n'en avez plus.

— Ayo ! Mais bien sûr ! J'en ai autant que vous voulez. Et puis pour vous, c'est cadeau avec les croissants !

Un peu gênés, nous lui répondons.

— Ah ! C'est sympa ! Il est rustique votre four.

— Sûr, vous voulez le voir.

Ainsi, de faire le tour du propriétaire, pour nous faire expliquer avec passion les gestes d'un autre temps.

— Bon, on va vous passer une commande, pour la semaine prochaine de cinquante tourtes, vous pouvez ?

— Et comment que je peux.

Nous, nous quittons sur de franches poignées de mains et regards malicieux.

La nuit est tombée avec un vent du nord glacial, pour faire bonne mesure mon duvet a pris l'eau. J'essaie de m'endormir en maugréant sur cette fameuse loi qui veut que des faits ennuyeux et indépendants s'accumulent.

Au matin, dans le froid vif, tout le monde s'active vaillamment. Le passage est ponctué de quelques petites difficultés. En dessous du sommet, composé d'une vire moyenne. Sébastien fait un blocage nerveux. Assis, il tremble de tout son corps, de ses dents aussi. Bien que le faîte soit à dix mètres et sans danger, je ne le forcerai pas. Sachant que ce type d'attitude met trop de temps à s'estomper. Il passera par un autre chemin pour se rendre sur la voie opposée.

La suite est facile, la face nord, voie normale, moutonne gentiment. A midi au-dessus des bergeries de l'Onda, je fais sécher mon duvet sous un soleil de plomb. Une heure après une averse s'annonce, trop tard pour elle, le duvet est sec, plié au fond du sac. Sous le poncho, je me permets un bras d'honneur aux nuages.

Jacky, après le vent, l'orage, la canicule il ne manquerait plus qu'un petit brouillard pour demain !

Or, plus prudent aurait été de me taire. C'est dans un mur de ouate que nous progressons à la boussole le lendemain.

Promis, ceux qui finissent sans voiture-balai, je vous décerne le brevet moral.

Ils sont quand même fiers de leurs périples arrivés à Chiusa. Leurs visages tirés portent les stigmates des fatigues accumulées. Plus tard, quand je croise quelques parents, ils m'interrogent, pourquoi leurs filles ou fils ont gardé la chambre durant trois jours, se réveillant uniquement pour s'alimenter. C'est sur, ça use plus que les consoles de jeux.

— Attention !

Philippe décharge une cantine en fer du fourgon. Jeune moniteur, ex-ado, étudiant à l'UFRSTAPS (formation des professeurs de sport), joueur de première division au Rugby Club toulonnais et ceinture noire de Judo. Il remplace Brigitte mariée depuis peu.

Pour le premier trek, je fonctionne avec Michel. Dès la première heure, le groupe nous impressionne par sa discipline, sa cohésion et son entraînement. Les cinq cents premiers mètres de dénivelés sont franchis en temps record. Idem pour le reste de l'étape, que le chemin monte ou descende, le chrono explose, serions-nous tombés sur des phénomènes ?

Les préparatifs du soir s'écoulent sans que nous intervenions. Conduit par un stagiaire à un mois de sa majorité, surnommé le boxeur. Il paraît un vieux briscard rompu au baroud. Mais nous ne sommes pas au bout de nos surprises, loin de là. Entre le lever et le départ, quarante-cinq minutes s'écoulent, petit déjeuner compris. Midi, le lac de Bellebone reflète une eau grise, le temps menace. Je ferme un œil pour la sieste dans un abri de pierre sèche. Le boxeur me réveille au bout de deux minutes.

— Éric, il pleut, t'inquiète pas, j'ai fait mettre les sacs sous un surplomb, nous pouvons entrer?

— Bien sûr! Bien joué.

Dommage pour eux, la vue sur le pic du Rotondo ce soir est archibouchée.

Sept heures, le bruit est épouvantable sur la tôle du mini-refuge dix mètres sous le sommet. Il grêle violemment, les pierres arrachées par le vent percutent les murs. En fait c'était ça les bruits de pas des nuits précédentes sur ce sommet, et les traînées rouges sur le corps étaient dues à des araignées nichant dans les fentes du mur. Un son d'une violence inouïe nous saisi, j'ai tellement sursauté, que mes genoux ont touché mon menton. On aurait cru à une explosion venant du sol. En fait, la foudre s'est abattue devant l'abri Hellboner.

Ce coup de chien s'estompe, et nous entamons la descente, crochés à la corde sur le névé du versant nord.

Ahurissant, en ce mois de juillet, la montagne est blanche de grésil. Imperturbable notre groupe perd de l'altitude. En vue de Timozzo, nous bifurquons sur l'ouest par un chemin perdu, inemployé depuis un demi-siècle. D'ailleurs par endroits, les éboulis ont emporté toutes traces. Les bergeries de grotelles sont atteintes durant la soirée, après une journée de marche harassante.

Le ravitaillement chargé, nous remontons le jour suivant sur le lac Capitello. Toujours sous un ciel d'encre. La salade de légumes à peine entamée, le cri de guerre est lancé:

— Ponchos.

Et bien sûr, le cataclysme s'abat sur nous, qui n'a jamais essuyé un orage de haute montagne ne peut l'imaginer. L'amphithéâtre naturel accroît le tonnerre. La foudre tombe à proximité, vraiment dans notre périmètre, traînées jaunes et blanches grésillent. Parfois elle dégouline d'un sommet, tel un cognac enflammé sur une omelette norvégienne.

« Putain, qu'elle épargne les gosses. »

J'ai pensé à voix basse. Je tourne la tête, pour apercevoir sur ma droite, deux femmes, touristes perdues blotties contre un rocher. Les mains protègent leurs épaules, des grêlons qui entament leurs chairs tels des billes d'acier. Leurs traits sont transfigurés, masque de la mort plaqué sur leurs visages. Je me pose la question: comment pourrais-je faire pour les abriter tant bien que mal, sous mon poncho, ces touristes inconscientes. Je redresse le regard pour me diriger vers leur direction, mais elles ont disparu happées par le rideau de pluie. L'orage se déchaîne encore, je comprends pourquoi les hommes à l'aube de l'humanité ont inventé des dieux et construit des monuments. J'en verrai même le diable sur les ténébreuses parois du cirque et les eaux sombres inquiétantes du lac. Tout le monde a pris la bonne position. Assis sur une pierre pour éviter le contact aquatique du sol, le sac entre les jambes permet de poser la tête. Quatre heures, le déchaînement aura duré un temps interminable. Mais ce soir nous n'aurons pas droit au doux confort d'un hôtel.

Trempés, nous franchissons la brèche de Goria. Nous parvenons fourbus aux bergeries de Lenze. Le lendemain un brin de toilette nous est accordé par une fenêtre météo favorable. Court répit, le brouillard s'épaissit jusqu'à Orto. Nous cheminons de converse avec un groupe catastrophe. Le premier stagiaire se trouve à trois heures d'avance du moniteur. Plusieurs blessés jonchent le parcours, l'un la figure ensanglantée, l'autre boitillant avec une entorse, etc.

Quel contraste avec nos ouailles, sac à dos homogènes, rien ne dépasse à l'extérieur, surtout pas le duvet, comme souvent chez le bidochon moyen.

C'est notre rigueur dans l'adversité qui nous a permis de ne pas subir. Ainsi le hasard et la fatalité ont eu la portion congrue.

Le maire du village prête gracieusement le préau de son école. Hélas nous devons cohabiter avec le camp croisé en route. Nous installons notre matériel sur un huitième de l'espace, environ vingt mètres carrés. Pourtant c'est juste pour les autres, tellement leur désorganisation s'avère patente.

La nuit venue, une dernière montée d'adrénaline nous est infligée. Avec l'apparition de quelques locaux s'amusant à exhiber leurs armes afin de tirer en l'air. Tout y passe PM, MAT, STEN, 357 Magnum, fusils de chasse, seuls manquent la Kalachnikov et le FAMAS.

Au coucher les cohabitants branquignoles du préau n'ont point envie de dormir et entament une pantomime. J'interviens oralement, avec un volume sonore au-dessus de la moyenne relayé par Michel. Tout rentre dans l'ordre, ainsi la nuit peut s'écouler paisiblement.

Julien et son car nous cueillent quelques heures après. J'ai longtemps regretté la météo pour cette session. Non pas personnellement, mais si un groupe méritait la vue sublime des montagnes corses, c'était bien celui-ci.

Ne nous refroidissons pas, Philippe fait équipe avec moi et la deuxième session nous attend au pied du pont de Rocce à trois cent vingt-six mètres d'altitude, dans la vallée du Fango.

La route pénètre dans une forêt de chênes verts, dits yerses, pour devenir un chemin muletier. À 950 mètres de haut elle s'attaque aux fameux lacets du col de Capronale. Superbe ouvrage routier construit avec des moyens primitifs, au temps où l'homme savait concevoir en embellissant la nature. On atteint le col de Capronale à 1 329 mètres dans un paysage très romantique. Nous descendons tranquillement pour franchir la Lonca à 1100 mètres. Le refuge de Puschaghia nous attend pour déjeuner.

Deux heures plus tard, nous entamons sous le feu du soleil, une pénible progression dans le vallon de Ghiarghie. Plus d'eau, il va falloir penser à autre chose. Au goûter la réserve ultime est entamée, il s'agit comme je l'ai écrit précédemment, des poires au sirop. Pas trop sucré, leur jus sauve la mise de temps en temps. Durant deux heures nous grimperons sans mot la soif nous taraudant. Tout finit par arriver et le col aussi qui plonge sur les bergeries de Tula. Fidèle à sa réputation, René, tel l'aigle des montagnes nous rejoint en amont par la crête provenant de Mori.

Les autres étapes seront plus conformes, dans des paysages maintenant connus. Je ponctuerai avec ce groupe par un convoi. A tour de rôle, nous escortons les ados à l'aller et au retour sur le bateau. Bien entendu les volontaires ne sont pas légion. Quand vient mon relais comme un fait exprès, c'est le jour du Mistral. Le bateau amarré dans le port tangue déjà, signe prémonitoire d'une traversée dansante. Les ferries n'étant pas encore équipés d'ailerons stabilisateurs gérés par ordinateur, ils ne corrigent pas les roulis. Descendant un pont sur la coupée arrière, je me retrouve en équilibre dans les airs quelques secondes afin d'attraper ma deuxième marche. L'estomac en alerte rouge, je m'appuie sur une rambarde face au vent du large en essayant de fixer un point qui ne bouge pas. Chimère. J'ai encore en tête la séance de la brasserie où une passagère vomissant dans son assiette fit gerber le serveur aussi sec. Les toilettes ne sont pas mieux loties, les flaques de vomi glissent sur le parquet au gré de la houle. Je soupçonne mon ami d'avoir inscrit dans un W-C, « vive l'avion ». L'employé qui distribuait pilules et sacs plastiques, au départ, erre avec une tronche de déterré dans les coursives. En me croisant, il m'a annoncé « ça va bouger », ah bon le meilleur est à venir. Effectivement, vent force neuf, mer à huit. Au moins, les ados sont calmes, d'habitude il faut aller chercher les filles dans les cabines du personnel. Le moindre aide cuisinier revêt un uniforme durant sa pause et s'en va conter fleurette à une donzelle. Celle-ci, envoûtée par la romance du bateau, l'uniforme, le couchant, bascule en un clin d'œil, alors que sur la plage les stagiaires ont gratté pendant quinze jours. Dépités, ils apprennent l'univers féminin. Nous, en revanche, nous courons dans les cabines avant l'irréparable.

Trois heures de tempête, je suis à ma limite de résistance, je reçois une goutte pour m'apercevoir, que c'est la passagère du dessus qui dégueule, Jacky me parle sans discontinuer me croyant réceptif. Je réponds mécaniquement. Quand soudain, je lâche deux renards, qui vont se perdre dans la rage des vagues. Tel un zombie, je descends dans la salle de cinéma et me vautre à plat ventre sous un fauteuil. Une femme non loin gémit dans un long râle. C'est Waterloo, il faudra débaptiser ce ferry. Sur ce, je plonge au pays des rêves.

Au mois d'août, nous mettons en place une nouvelle activité canyoning. Il est vrai que le relief s'y prête.

Après sept heures de barbotage, je me tire la bourre (s'affronter), dans une ardente course à pied avec Philippe. Nous pétons la forme, et les journées de seize heures s'enchaînent dans un rythme effréné de musculation, voile, planche, footing, kayak, etc.

A la suite d'une journée active, René fait route avec moi dans la nuit, pour une reconnaissance de randonnée. Nous avons opté pour le sud de l'île, le nord en cette saison est trop souvent sujet à des sautes d'humeur hivernale.

— Merde !

La voiture tangue, pneu crevé. Je me baisse pour extraire la roue de secours, positionnée sous le châssis arrière.

— Ben, zut, pas de roue.

— Ha, ha ! Ça, c'est l'aventure.

A vingt-trois heures, je goûte peu l'humeur taquine de *Tonton.* Quand celui-ci, le visage barré d'un vaste sourire, ouvre la porte arrière de la fourgonnette et sort le divin objet caché sous un sac.

— Tu comprends, coco, je ne tenais pas à ce que l'on nous la fauche.

Le changement effectué, nous jetons nos sacs à une heure du matin au col de Bavella.

— Et non, *tonton,* c'est plein de pierres.

— Et oui, coco, je t'avais dit d'acheter un matelas extraplat, auto gonflant, comme les vrais.

— Tu sais qui m'auto gonfle maintenant.

Je me case tant bien que mal entre deux pierres.

— Et merde, mon matelas s'est percé avec un épineux, cinq cents balles en l'air.

— Ça fait cher la nuit.

Amusé, je m'endors de bonne humeur.

Un froid rayon m'éveille, sans réfléchir j'enfile tout ce que je peux. Les doigts engourdis, je croque une barre de céréales. Nous avons fait l'impasse des réchauds, pour être allégés. Il s'agit de faire avant ce soir le parcours d'un trek de trois jours. C'est au pas de gymnastique que nous dévalons en direction du sud. Au passage un groupe à l'encadrement incompétent essaie de nous suivre en s'étiolant.

Un peu avant midi, René emporté par son élan chute. Un silex a entaillé sa main. Un morceau de chair sanguinolent pend de sa paume. Sans autre forme de procès, il passe son couteau à la flamme et coupe l'appendice à vif.

— Tu n'as pas mal René ?

— Non j'ai pas mal.

Bigre !

À midi, nous avons effectué les deux tiers du parcours, sereins bien que sans eau, nous, nous octroyions une petite sieste.

Le chemin en pente douce s'abrite d'une voûte de bruyères arborescentes. C'est le maquis impénétrable formé de cyrtes, d'arbousiers, de myrtes, d'alatanes, de buis, de lentisques échevelés s'enlaçant aux genévriers, lauriers et chênes verts. En discutant de chose et d'autre, nous consultons la carte.

— Aïe !

— On s'est planté.

— Il faut remonter vers le nord.

Mais impossible de retrouver la moindre sente dans ce maquis inextricable. Tourne vire. L'option boussole, coupe-coupe, puis azimut brutal est adoptée. J'aimerais sortir au plus vite de cette sylve écrasée de chaleur. Mais elle se bat la garce. Les ronces parviennent à arracher mon sac à maintes reprises. Mon tee-shirt n'est plus qu'un lointain souvenir. Quant aux jambes striées de sang, elles font l'affaire des taons. Le calvaire dure, l'esprit focalise sur un seul acte: boire! Nous, nous relayons de plus en plus souvent sur le front de coupe. Parfois une éclaircie fait espérer un chemin, mais ce ne sont que sentes de sanglier. Après treize heures de marche et huit d'effort la rivière Solenzara, enfin, apparaît. Vision idyllique. Sac jeté au sol je bondis sur la grève. Puis à plat ventre, tête dans l'eau, je goûte l'instant qui à cette minute est le meilleur du monde.

Nous finissons cette année sur une mauvaise note. Au sommet du Rotondo, le groupe de Jacky et Michel se trouve soumis à une dysenterie. Julie, fiévreuse, vomit sans discontinuer.

Michel la couvre. Repliée dans un coin du refuge Helibonner la pauvre adolescente est bien faible. Les deux moniteurs prennent une décision, il faut alerter les secours pour une évacuation en hélico.

Jacky s'élance seul dans la nuit, au bord de l'hypoglycémie. De ses lourdes chaussures giclent les cailloux. Il dévale plus qu'il ne marche, au lac de Bellebone, le relief lui permet une attention moins soutenue. Il faut aller vite, certes, mais arriver est primordial. Il remonte une brèche qui ferme le cirque sud, il aurait pu passer plus au nord gagnant de précieuses minutes mais le parcours plus exposé en cas d'accident aurait donné plus de difficultés pour les recherches. L'itinéraire ne possède pas de sentier, mais Jacky se sait dans le bon vallon. Il poursuit dans la pente caillouteuse quand d'instinct il s'arrête. Loin de ses repères l'homme retrouve ses réflexes animal qui remontent à la nuit des temps quand il était chasseur-cueilleur aux confins de l'Éthiopie. C'est bien ça, une cassure sournoise se tapit dans la nuit, inquiétante faille pleine d'obscurs desseins. Quelques mètres de plus puis c'était la chute assurée dans un lieu désolé, conglomérat minéral ou aucune âme ne passe.

Michel lui pendant ce temps se tord de douleurs en proie à une rage de dents, résolument il chauffe son couteau à la flamme du gaz. Ne pas subir est son leitmotiv qu'importe si les éléments d'un jour sont défavorables, demain sera meilleur. A l'aide d'une glace il tassera un peu d'aspirine et se souvenant de mon conseil appliquera un clou de girofle salvateur emporté dans la trousse à pharmacie. Le girofle puissant cicatrisant est capable de faire désenfler les pires tourments dentaires. Un peu calmé, il veille sur le reste du groupe qui a rassemblé ses affaires avec méthode.

Jacky doit tourner par l'ouest, puis reprendre la même direction en laissant le ravin de Gialgo sur sa droite. Cette marche supplémentaire qui s'ajoute après deux mois de crapahutage sur un organisme fatigué ne veut plus finir. Enfin les lueurs du refuge surgissent, vaisseau dans le froid battu par tous les vents. La gardienne alerte aussitôt le PGHM, tout en préparant un casse-croûte pour notre marcheur, mais son estomac le rejette.

Dans la nuit Michel voit surgir des ombres imposantes. Une puissante lueur éblouie son visage.

— C'est ici qu'il y a des blessés ?

— Des malades simplement.

Quatre gaillards équipés de civières ont rejoint l'abri, franchissant les deux mille mètres de dénivelés en un temps olympique. Le docteur juge la descente en brancard hasardeuse et préconise l'héliportage dès l'aube.

A sept heures malgré un vent fou, le pilote effectuera des prouesses en vol stationnaire, débarquant Jacky au sommet du Rotondo en échange de Julie. Celle-ci acheminée vers l'hôpital de Corte sera prise en charge avec efficacité, René ayant rejoint l'unité de soins fera le reste. Organisateur hors pair, il est tout à la fois le filet de protection et le métronome du tempo. A combien d'occasions nous avons pu nous retrouver selon un schéma établi à l'heure H et la minute M, après une semaine sans moyen de communication.

Notre groupe sera victime du même mal. En fait, il s'agissait du débordement de la fosse septique du refuge, dans le torrent. Ce dernier ayant été notre apport hydrique durant deux jours, la conclusion découlait logiquement.

L'année d'après toujours avec *tonton,* j'effectue un stage kayak. François instigateur des disciplines d'eaux vives sur la Corse nous présente, un sympathique moniteur en la personne de Patrice. Nous sommes hébergés en bordure de Tavignano au lieu-dit Ernella: Chez Milou. Personne atypique formidablement attachant. Ancien cadre dans une société de transport à Aix en Provence, il a envoyé promener, bilans, statistiques, discours lobotomisés d'entreprise avec un réel soulagement. Pour défricher trente-cinq hectares de maquis à la force de ses bras. S'employant seize heures par jour, il marie avec bonheur la logistique d'activités sportives, assemblée de pêche à la truite, promenade à dos-d'âne et d'une production maraîchère vierge de toute addition synthétiques. Au fourneau, sa femme, véritable cordon-bleu, s'active avec une gentillesse sans égale. Le goût et les odeurs sont si exquis que l'on pourrait tomber à la renverse. Jour après jour, c'est une succession de plats typiques et originaux qui nous soudent à la table.

Patrice nous prodigue en bon pédagogue toutes les ficelles du kayakiste. Mais nous ingurgitons souvent la tasse. Cet après-midi nous allons étrenner la passe près du barrage. Nous lisons la rivière par avance (en terme kayakiste manœuvre qui consiste à étudier le courant avant de s'élancer). Les précipitations des derniers jours ont considérablement augmenté son volume. Il faudra aller à gauche pour éviter les ferrailles laissées par le chantier, elles pointent dangereusement. Puis pagayer fort pour passer la machine à laver en bout de course.

Quatorze heures, sous un ciel de plomb, l'estomac noué par le trac, Fabrice s'élance, nous attendons quelques minutes dans le froid. Je croise le regard de mon ami, j'y lis la même chose, ce serait bête que tout s'arrête là.

— Bon, j'y vais, et puis tu vois ce que je veux dire...

— Ouais! Que l'on a envie de se retrouver en bas.

Visage gris, René s'élance, je reste seul un temps interminablement long, l'eau obscure n'invite pas à la détente. Enfin le sifflet retentit. Surtout partir droit, ne pas arriver en travers, je vais prendre le maximum d'élan. A la cassure tout va très vite, je pousse tellement fort sur les pagaies, que j'aperçois à peine le fer menaçant sur ma droite. Je file au milieu d'un décor d'émulsion blanche, le rouleau final tape et se fend comme une délivrance. Soulagé, j'aperçois mes deux compères au recueil.

La descente se poursuit dans une multitude de retournements, de casques rabotés contre les parois, de vidage d'embarcations alourdies par plusieurs quintaux liquides. À ce rythme nous ressortons épuisés de la descente intégrale. Les jours suivants le temps maussade nous pousse sur les rivages marins.

Ainsi nos kayaks équipés, nous partons de Porticcio, par une météo moyenne, mer à cinq. Les choses se compliquent quand nous croisons Isolella, petite île à peu de temps du départ. La houle dresse un mur d'eau dans la passe. Fabrice ouvre la voie, nous l'apercevons par intermittence, fourmi qui grimpe obstinément le rempart liquide. Seconde après seconde, il disparaît à notre vue. Avec René, nous, nous énervons sur notre connerie à se laisser embarquer dans des situations à risques.

J'ai l'impression que l'ensemble mouvant va m'écraser, menaçant, il pousse le kayak en l'inclinant, puis le porte, passe dessous. Après un bref équilibre au sommet de cette colline mouvante, la proue plonge à pic sur le dos de la vague, surtout rester droit. Je m'applique à positionner mes pieds dans les taquets et appuie mes cuisses contre les flancs de l'esquif. Faisant h de tout mouvement parasite, j'enfonce avec force et sans heurt ma pagaie. Le deuxième choc surgit, ne pas s'engager en biais, la pointe de ma coque s'oriente correctement et je peux pousser, encore et encore. L'embarcation s'élève en un temps qui dure une éternité. Attention à la bascule, toboggan, le plus gros est passé, sans un mot avec Fabrice j'attends René. Plusieurs minutes après, nous apercevons, soulagés ses moustaches dans l'écume fumante.

La bataille se poursuit, toute l'après-midi contre les vagues en forme de T. Vicieuses, elles s'essaient à nous percuter latéralement. Je me contorsionne en vain pour dévisser le bouchon du caisson étanche placé dans mon dos. Ce dernier contient ma gourde d'eau et je ne peux l'attraper. Vers dix-huit heures et au début d'une tendinite naissante due à la soif, nous tentons d'accoster sur la plage de Cacao, mais les rouleaux sont trop importants. Nous poursuivons donc vers une anse plus à l'abri. L'horizon défile armorié de couleurs tourmentées, le mauve se querelle avec l'orage. Sur le sud un rideau de pluie se superpose à la lumière ténébreuse du soleil. Mais la côte poursuit son inhospitalité, ceinte d'une agressive barrière blanche.

Ainsi la terre se refuse à nous, serions-nous condamnés à errer sur les flots tels des fortunes de mer. Pourtant une pointe formant presqu'île se dessine au loin. C'était sans compter avec le courant qui joue avec nos nerfs, nous donnant la désagréable impression de faire du sur place. Chaque coup donné pour s'arracher est une gageure. Les minutes ne défilent plus. Le silence rompu seulement par les vagues qui recouvrent régulièrement nos proues.

Malgré tout, le petit cap bouge et semble venir vers nous. Peut-être a-t-il pitié ou envie de briser sa solitude. Plus l'approche s'amorce, plus l'accostage paraît délicat. Positionné sur le côté exposé. Les flots éclatent rageurs sur les récifs. Fabrice choisit un entonnoir de roches, qui laisse l'espace nécessaire au museau effilé du kayak. Il se campe en quelques secondes sur le rocher. Son pied à peine posé, il happe son embarcation pour la ranger trois mètres plus haut.

Tour à tour attendant la clémence de l'onde, nous nous projetons dans l'étroit goulet. La manœuvre s'en trouve facilitée par notre ami assurant l'avant de l'étrave.

Le promontoire rocheux laisse en son sein un espace bordé de granit. Passé notre mal de terre, pendant lequel le sol se gondole, nous trouvons cet endroit sublime. Un rempart de bloc naturel nous abrite du vent dominant, et ce promontoire nous permet une vue de cent quatre-vingts degrés. Les duvets sont mis à sécher. Durant ce temps le feu crépite, grillant les poissons pêchés à la traîne.

Face à nous le couchant s'embrase, flammes carnivores ravivées par le vent. Loin des sociétés factices, gagnés par l'émotion, nous goûtons ces instants de libertés et d'aventures. Le théâtre de la terre sera toujours supérieur à la prétention des palmes d'or cannoises.

La mise à l'eau matinale s'effectue dos à la mer, le kayak glissant sur le roc quasi vertical. Cette journée nous emmène vers une plage idyllique, ombragée de pins. Les senteurs marines se mêlent aux résines boisées créant le parfum typique de la Corse.

Nos routes se séparent avec Fabrice, d'ailleurs les ados arrivent dans quelques jours. Nous poursuivons par une reconnaissance de randonnée dans les canons de Bavella. Gorges à la roche abrupte, aux fonds desquelles gicle l'onde bleutée. Quelques pins laricios gardent d'étroits défilés sept sent mètres plus haut. Peu de personnes foulent le sol de ces ravins, figés semblent-ils depuis la préhistoire.

De bloc en paroi, parfois de l'eau jusqu'aux épaules, nous progressons dans un univers suspendu, les cris d'oiseaux, peuvent tout à coup cesser. Soudain le silence s'abat, la nature observe l'intrus. Des sangsues s'invitent sur notre épiderme, il faut la flamme du briquet, pour qu'elles lâchent prise.

Un endroit dégagé au terme d'une raide pente, nous permet un joli bivouac. Un oiseau passe dans la pénombre naissante. Ce soir, encore j'ai vraiment la sensation d'être au bout du monde.

Au réveil je m'essaie sur la roche afin de franchir le passage pour un autre canyon. Cette randonnée pourrait être spectaculaire, mais nous la jugeons trop engagée avec des mineurs. Nous optons donc pour le parcours en sens inverse reconnu l'année précédente. Bien que ce dernier inscrit dans un livre guide ne paraisse pas réel.

Le groupe d'ados, encadré par Michel et moi, bivouaque donc en bordure de la Solenzara. Les garçons loin d'êti'e motivés, pencheraient plutôt pour une facilité plagiste. Affublés bien sûr du déguisement qui va avec. Les hiles sont belles et le savent. Tout cet ensemble est très, très superficiel.

Mais au matin, agréable surprise, le départ s'effectue rapidement, l'allure est vive. Nous parvenons avec facilité sur la bergerie d'Alzolivo, la deuxième du Renosu est prévue pour midi. Je m'engage donc sur le chemin formant un tunnel dans le maquis. Au bout d'une heure, le sentier s'amenuise, obligeant une posture voûtée. Les branches agressent le corps, un ruisseau à sec nommé Frasselli facilite la progression. J'ai le sentiment désagréable du déjà connu. Nous consultons carte et boussole, la direction est bonne. Le relevé topographique aux cinquante millièmes n'indique pas le chemin, a contrario du livre commercial.

Pour rajouter à l'ambiance, une hile simule un malaise. Aussitôt, un garçon un peu fourbe tente l'appel à la mutinerie. Bien vite calmé, je lui rappelle qu'il n'est pas dans son cadre habituel, ni dans un bahut pour foutre le bordel. Le train se remet en marche. Toujours pas d'éclaircie, nous progressons péniblement pendant des heures interminables. Je choisis de bifurquer sur ma droite, au moins en amont la situation sera plus claire. A midi sur une bute, une clairière nous permet une mise au point. Michel m'indique sur le sud une barrière de colline.

— C'est bon, *tonton,* les deuxièmes bergeries sont sur ces sommets.

— Je ne suis pas convaincu, laisse-moi réfléchir, occupe le groupe.

Je me triture les méninges, rends la carte vivante en symbiose avec le paysage qui m'entoure. Je rassemble le maximum de souvenirs du parcours précédent. Bien que nous ne soyons pas passés dans ce sens, ni à cet endroit, j'ai en mémoire les collines des bergeries du Rinosu. Hélas, il faut se rendre à l'évidence, ce ne sont point les crêtes indiquées par mon ami, mais les deuxièmes qui flottent dans la chaleur plein sud. Nous sommes au point six cent quatre-vingt-onze.

— Ayo! Michel!!! Bon, ça va être très, très dur, voilà la situation, jusqu'à ce point c'est l'azimut brutal à l'aide du coupe-coupe.

— Trois litres.

Michel est un méthodique, point lui importe. Mâchoire carrée, synthétiquement, il annonce le tarif. Il reste trois litres d'eaux pour douze personnes et peut-être sept à huit heures de marche dans la fournaise.

— Ok, réunion !

J'expose le contexte, où nous sommes, où l'on va. Le choix de cette rando d'après un livre commercial et qui s'avère farfelu entre le point X et le point Y.

Vous n'êtes plus en camp d'ados classique. Maintenant c'est l'aventure chacun doit se responsabiliser en se comportant en adulte. D'ailleurs, vous êtes proches de la majorité pour la plupart. Ne vous inquiétez pas, on va vous sortir de là. Je ne sais pas si le futur peut vous réserver quelque chose d'aussi pénible qu'aujourd'hui. Mais vous n'en serez que plus fort. Tout l'entraînement sportif de la semaine mer, vous sera bénéfique. Vous avez été préparés à ça, à l'extérieur, au cas où. Aujourd'hui, cette année, aucun groupe d'adolescents n'a fait ou ne fera ce que vous allez faire.

Mines tendues, le message passe. La colonne s'ébranle, le repas a permis une petite hydratation. Mais à quatorze heures, la soif est intenable. Alors une gourde est séparée en douze à l'aide d'un quart. Le précieux liquide n'a jamais été aussi bon.

— Mais, c'est la dernière? demande un jeune.

Aussitôt, Michel répond:

— Nous avons la réserve de deux litres.

— Et après ?

Pince-sans-rire, Michel rajoute:

— Après ! On plantera les croix !

Puis sourire en coin, il continue :

— Allez, on n'est pas d'ici, en avant ! C'est le baroud !

Ne sachant pas si c'est du lard ou du cochon, chacun

enfile son sac. L'air s'est transformé en vapeur d'essence. Sous l'effet solaire la végétation exhale. Je ne préfère pas penser à l'incendie, car je ne donne pas cher de nos chances.

Quinze heures.

— Temps mort ! Boisson !

Ça repart, certains glissent, d'autres râlent. Je vois Sylvain les yeux hors de la tête, qui ne dit mot, Michel derrière encourage sans relâche.

Seize heures.

— Stop ! Dernière gourde.

Plus un quart de pomme, en silence tout le monde déguste le fruit d'Adam. Je fais durer le plaisir humide sur mes papilles desséchées le plus longtemps possible. La peau marquée de traînées écarlates, nous repartons. À dix- sept heures, nous buvons le jus des poires au sirop. Cela fait douze heures que nous sommes sur la brèche. La chaleur a un peu baissé, le parcours s'incline un peu plus. Puis j'ai moins besoin du coupe-coupe, un sentier s'esquisse. C'est un mieux. De toute façon dans ces moments je ne pense à rien. Je me focalise sur mes pas. Ne jamais laisser le doute s'immiscer dans l'esprit. Avec obstination j'agrandis le passage. A chaque instant, mon chapeau est arraché par les ronces. Elles ne l'auront pas, je le remets mécaniquement depuis ce matin. En revanche le ticheurte, lui, est lacéré. Déchiré. Il n'est plus qu'un chiffon pour moteur.

A dix-huit heures trente, Michel rompt le silence résigné.

— Chut ! Arrêtez-vous.

— Mais pourquoi ? s'enquiert une voix.

— Ferme-la! J'entends de l'eau... Oui, c'est ça, il y a de l'eau en contrebas. Éric passe-moi la machette, je descends.

Michel s'enfonce dans la svlve, nous devinons sa progression aux branches mouvantes. Quelques minutes plus tard, son cri retentit.

— C'est bon ça coule ! Descendez !

— Tu es où ? On ne te voit pas.

— Attends, j'attache mon ticheurte au bout d'une perche. Tu l'aperçois?

— Oui, bon droit sur toi.

Effectivement il y a de l'eau ce n'est pas la source idyllique. Plutôt un jet pisseux s'écoulant de toilettes. Mais en mixant les cachets purificateurs, ça fera l'affaire.

— Michel, on ne peut bivouaquer dans ce boyau sans espace, tout le monde se tient sur une jambe. Je vais essayer d'atteindre les bergeries.

— Bon, ok *tonton,* laisse ton sac, je m'occupe de l'intendance.

Je vire mon chapeau, opte pour le bandana puis reprends la course.

Je coupe, je tranche avec fureur, je marque tous les arbres. Je suis sur un chemin obstrué, mais ç'en est un quand même. Je sais qu'il ne faudra pas s'égarer au retour. Tous les repères deviennent bons. Je taille et retaille des traces, empile des pierres. J'avance, le temps devient abstrait, d'ailleurs la nuit a envahi le relief. Je n'en ai cure, j'ai la rage. Sortir de ce merdier est mon seul but. Je mouline de mon bras, je ne sais d'où me vient cette énergie, mais j'en mâcherais les cailloux. Une racine me fait trébucher. Plus loin, c'est une ronce qui s'enroule à mon poignet m'obligeant à lâcher la lame. La forêt est vivante, elle se défend. Ça a le don de m'exaspérer encore plus. Griffer, mordre, tout est hostilité, je m'en fiche, je suis persuadé de passer.

Soudain, tout survient en même temps, le terrain devient plat, plus d'arbres, les BERGERIES abandonnées apparaissent dans le halo de ma lampe frontale. Je pousse un cri de bête et me calme aussitôt. Prenant conscience de mon aspect, sanguinolent, torse nu, le front ceint d'un bandeau, objet tranchant à la main. Si berger il y a, soit, il fait une crise cardiaque, soit, il m'abat d'un coup de fusil.

Je m'approche de l'entrée, ouvre du pied la porte qui grince, sinistre. Lampe à la main écartée de mon corps. Je souris intérieurement, les réflexes du CNEC de Mont- Louis me reviennent. Personne, quelques dames-jeannes vides sur des étagères retiennent la poussière. Je referme la porte, le vent emporte sa plainte dans le silence nocturne. Je rebrousse chemin et malgré les sigles manque me perdre plusieurs fois. Je double donc le plus possible d'entailles.

— Ayo!

Aux lueurs et aux bruits des voix, je me fais guider jusqu'au groupe. Là, Michel a réussi la performance de cuisiner et faire manger tout son monde dans deux mètres carrés. Il m'a gardé une gamelle de purée au corned-beef. Les gourdes sont pleines. J'en vide une aussitôt. J'ai l'impression d'une plante que l'on arrose.

— Voilà le topo, vous avez en tous cinq lampes, positionnés en alternance. Celui sans lumière attrape les sangles de la personne devant. Les emballages aluminium des fromages en portions, seront appliqués à l'arrière des sacs. Toutes les deux minutes, on se comptera à haute voix. Vous annoncez les traces et marques que vous voyez sur les arbres. C'est parti, en plus, ça leur plaît. J'entame la numérotation. Les chiffres s'annoncent.

— Cinq.

Plus rien !

— Eh ! Le six ! Stop !

— Oh ! Oh ! Le six !

Ça y est, il revient, dix mètres, il avait réussi à se perdre et faire bifurquer le reste du groupe dans l'impasse. Cela arrivera encore au moins trois fois. Nous débarquons à minuit sur Renusu, lieu où nous aurions dû être à midi.

La satisfaction me gagne, la tension de la journée retombe. Ainsi, je devise avec mon ami en préparant mon couchage. Quand Magali s'avance dans la pénombre. Superbe. Cheveux longs vénitiens, yeux clairs, peau de miel, corps de rêve.

— Éric! Euh... Voilà... Ce que tu as fait... C'est... Merci, tu peux, enfin... Je voudrais!

Magali cherche ses mots, gênée.

— C'est rien, c'est normal, bonne nuit Magali.

Je viens de comprendre ce qui arrive, Magali a un petit béguin, sûrement déclenché par le contexte. Je n'ai jamais cédé à la tentation. Mais dans cette situation, je suis proche de l'acte. C'est Michel qui me retient par le bras.

— Déconne pas, *tonton,* elle est mineure.

— Oui, mais plus que pour quinze jours.

— Patiente, elle va forcément le dire. Si ça se sait. René te renvois sur le continent fer aux pieds dans la cale du *Napoléon,* plus le juridique.

Michel a raison, mais cette fille me perturbe.

L'étape du lendemain est succincte. Magali derrière moi me presse de questions sur tout et sur rien. Je la trouve subtile, taquine, bref craquante. Il faut absolument que je brise cette tension, sinon je ne pourrai tenir longtemps ce supplice. Je fais un choix odieux peut-être, mais avais-je l'alternative.

— Tu me casses les pieds, toujours sur mes talons à me parler de chimères, va au fond du groupe, je ne veux plus t'entendre.

Stupéfaite, comme frappée par la foudre, Magali se positionne en fin de file, sans mot dire. Son regard ne comprend pas. Peut-être le recul lui aura fait admettre ma décision.

Nous parvenons au refuge de Paliri. Un grand nombre de personnes s'y trouvent. A la tombée du jour la pluie fait son apparition, regroupant un nombre toujours plus important de randonneurs. N'étant pas les premiers, nous avons hérité de la cuisine en guise de dortoir. Michel se trouve derrière la porte d'entrée. En début de nuit il est obligé de se lever pour laisser entrer deux trekkers trempés. Pas rasé visage fermé, il leur indique du geste un emplacement libre. Impressionnés, les deux compères s'installent sur une fesse au-dessus du poêle tels des perruches. Depuis quelques trop longues minutes, un groupe d'Allemands braille à qui mieux mieux. Michel maugrée.

— Comment, dit-on dormir en allemand ?

— Je ne sais pas en anglais, c'est : *to sleep !*

Il se lève déterminé, enjambe quelques corps et gueule: TO SLEEP!!!

Le silence s'abat, interrompu par des ronflements et quelques pets. L'odeur nauséabonde de la merde envahit l'espace. Au matin, les deux trekkers sont toujours dans la même position, assis sur le poêle.

J'oublie que j'étais sous un banc et m'assomme en me redressant. Folle nuit. Nous avons modifié le parcours, un peu ennuyés des tracas subis par nos jeunes. Nous voulons les ménager. Chose jamais usitée, nous allons employer les fonds du centre, pour payer un gîte à Bavella.

Douches chaudes, lits, sèche-cheveux. C'est Byzance lorsque l'on vient de la brousse. René, présent au ravitaillement, m'appelle en présence d'un gendarme.

— Bonjour, nous sommes à la recherche d'un groupe d'Espagnols perdus sur le GR.

— Oui, nous les avons croisés, ils faisaient fausse route sur la variante entre le GR et Renosu, ils n'avaient pas de carte, je leur ai indiqué l'itinéraire idoine.

— Quel endroit ?

— Au point d'eau de la variante.

— Bien merci.

Ils seront retrouvés deux jours plus tard, complètement déshydratés, au milieu du maquis. Ils avaient pris la direction opposée à celle indiquée.

Après une nuit réparatrice, je plie mes affaires. Lorsque Michel me fait signe de la tête.

— Problèmes! Les filles refusent de continuer à marcher.

C'est donc ça, gentil égal faible. Le goudron leur fait entrevoir qu'elles pourraient écourter la fin du parcours. Certaines ont la tête près du bonnet. Décolorées des cheveux et de la cervelle ça va ensemble, déjà femmes objets.

Elles savent que je vais intervenir, donc je n'y vais pas aussitôt, je les laisse mariner quelque peu. Puis j'abaisse la poignée.

— Alors? Les filles... Quel est le malaise?

— Nous sommes malades, nous avons les jambes qui tremblent et nous ne voulons plus bouger si ce n'est en voiture.

Le chantage a été engagé par Elodie. Meneuse négative du groupe depuis le départ, minette avec toutes les tares que cela comporte ! Petite dure à l'air buté de la pimbêche privée de boutiques, certaine de son aura auprès des autres. L'œil bleu et froid, malgré tout elle défie.

— Ah bon, et comment comptes-tu rentrer?

L'isoler d'abord.

— En stop !

Un bref instant, je revois le séjour depuis le début. Le ski nautique, le kayak, la voile, le tennis, la soirée dansante, la plage, les promenades en bateau, le shopping, les quartiers libres dans Ajaccio, je me dis qu'ils font partie de privilégiés quelque part.

Le courroux monte en moi, la voix élevée en détachant bien les mots, pupille noire contre iris bleu.

— Écoute ma petite, tu espères quoi... qu'une voiture te prenne. Tu n'as pas le sens des réalités. Le mec qui t'embarquera, ce sera pour te violer. Et une fois sur le bord de la route, tu feras quoi après? Je te conseille d'agiter la sciure que tu as dans ta tête si tu ne veux pas finir par faire le tapin.

Me tournant vers les autres, je poursuis :

— Ce ne sont pas vos jambes qui doivent trembler, mais la montagne sous vos pas. Et puisque vous voulez rentrer chez vous. Il n'y a qu'un seul chemin, c'est par Asinao sur le GR avec nous.

Du bras, j'indique la direction. En écho, Michel, voix ferme et basse s'adresse à Julie :

— Allez, plie ton duvet.

Magali bougonne :

— Vous pouvez nous laisser préparer seules !

— Accordé ! Dix minutes !

Nous refermons la porte, un regard pour mon ami. Ouf! C'était chaud, cette petite a du cran quelque part de vouloir affronter notre autorité de face.

Le relief se transforme, les roses aiguilles de Bavella nous entourent, telles des demoiselles figées. Spectatrices ayant évité les glaciations, elles ont su garder toute leur fraîcheur. Le chemin dégagé promène sa pente parmi les verts *laricios* sur fond d'azur. Au soir les abords d'Asinao baignent dans la quiétude. L'altitude aidant nous avons remis l'anorak.

J'apprends incidemment que l'auteur du livre commercial proposant le parcours effectué sur les bergeries de Renosu, établit ses itinéraires d'après les dires de vieux bergers, sans les vérifier. Avec le temps, les sentiers se perdent. Qu'importe pour lui, l'essentiel est dans la notoriété.

Sur le bivouac, trois garçons cuisinent, patiemment les autres plaisantent. L'harmonie est revenue, magie de la montagne. Gentiment, la gardienne du refuge, aux magnifiques yeux bleus, nous fait visiter la ferme de ses grands- parents. Ainsi nous glissons dans l'intemporel. Meubles rustiques, tissus colorés dégagent une atmosphère empreinte de chaleur et de sérénité. Malgré un environnement rude, des gens humbles avaient su apporter une sobre finesse à leur intérieur. C'est l'apanage méditerranéen d'une civilisation séculaire sur l'économie néolibérale et ses furoncles d'immeubles éphémères.

Le café brûlant du matin réchauffe nos organismes. Ma dernière tartine avalée. Je rejoins mon sac en sautant, appuyé d'une main au-dessus du muret, qui sépare l'enclos de notre camp. Michel m'interpelle au même moment.

— Prends-moi les recharges de gaz.

Je regarde les deux cartouches bleues dans ses mains bêtement, au lieu de fixer le sol de ma réception. Mon pied retombe en porte à faux sur une pierre parfaitement ronde.

La douleur foudroyante irradie toute ma jambe. Prostré dans l'herbe, respiration bloquée, je ne retiens qu'à peine l'envie de vomir. Tétanisé, je suis incapable de parler ni même de bouger. Peu à peu après, quelques minutes, le mal reflue.

— Ça va *tonton* ?

Michel qui a compris, pour avoir testé la même expérience, ne m'a parlé que quelque temps après, respectant mon silence. Je n'aurais pu supporter un mot. Je me redresse, poser le pied est quasiment intolérable. Faire venir l'un des deux hélicos de l'île pour une entorse, alors qu'il peut sauver une vie me paraît une gageure. La semaine dernière, une touriste est décédée pour ça. Puis le groupe est difficile, je ne peux laisser mon collègue tout seul.

Je fixe donc plusieurs morceaux de bois dans ma chaussure, lacée à bloc. Bourrés d'aspirine, nous attaquons le plateau du Fornellu. Ce détour me coûte, mais il permet d'observer les mouflons. Arrivés à la crête, la vue sur les ravins mille mètres en contrebas est saisissante. Maintenant la direction s'incurve doucement vers la descente. Je dérouille sur chaque pas. Je ne marche plus avec mes jambes, mais avec ma tête. C'est un combat permanent contre la douleur et les vagues de cortisol. Le vrai duel débute là, aux frontières de l'endurance. Savoir si on est un vrai ou un bidochon. Aller là où seul les seigneurs vont, c'est-à-dire au-delà de soi-même. Lutter contre la voix pernicieuse qui susurre fielleuse, arrête-toi et laisse couler. Se faire démon pour abattre le mal. Vaincre la torture, car on ne sait pas quand elle va s'arrêter, comme on vainc un sommet, comme on traverse un océan de tempête.

A midi épuisé, je ne m'occupe de rien. Rendu au bivouac du soir, mon pied à la forme d'un ballon de hand-ball et le mauve monte jusqu'au genou.

Le médecin demeure incrédule quant à la marche durant toutes ces heures. Bilan, un arrachement osseux et plâtre de résine pour six semaines. Une jolie infirmière me soigne avec gentillesse.

FÉMINITÉ EN CONFLIT

Je reste quinze jours sur le centre, le temps de sentir le deuxième groupe et d'accueillir Patrick, l'ex ado coqueluche des filles, devenu moniteur. Il se dégage un fort bonheur de cette session. Je les rejoindrai même un soir en béquillant sur le GR à Ballone. Sur le chemin, des Américains surexcités m'encouragent. Pardi! Un fou de Français qui randonne dans le plâtre, c'est original.

Je m'essaie au jet ski pendant le camp III, mais suis obligé de rester la jambe en l'air la plupart du temps, assis sur une chaise. Alors mon esprit vagabonde. Cette époque marque un tournant, j'ai en préparation la traversée du Sahara avec un véhicule de tourisme pour novembre. Tenté par d'autres horizons, je m'interroge si l'année prochaine je resterai sur le centre ?

Il faut dire que la gestion des conflits avec certaines adolescentes use petit à petit ; si avec les garçons les rapports d'autorité sont souvent basés sur la puissance, comme ils ne peuvent pas encore tuer le père, tout rentre dans l'ordre ; en revanche avec les filles les scénarios sont différents.

Bien sûr la marche ouvre des horizons nouveaux, sans besoin de prononcer de long discours. Nous les extrayons de leur monde virtuel, trop axé sur le paraître, le maillot brésilien et l'achat facile. La pratique physique saine fait oublier la cellulite, évite la consommation de gadgets et articles foireux censés la faire disparaître. Nous revenons à des valeurs essentielles de partage, d'entraide, de structure et de dialogue humain.

Bien des années plus tard, nous recroisons de jeunes stagiaires. Et nous mesurons l'impact positif que nous avons laissé. L'un pile au milieu de la circulation pour nous saluer. Tel autre nous présente à ses parents, tout fier. Un dernier abandonne son poste de travail, le visage barré d'un sourire lumineux pour nous saluer avec effusion. Les exemples sont infinis.

Mais nous savons notre tache incomplète, pressés par la durée. Brigitte la vraie femme et non pas une potiche décolorée, nous a manqué quelque fois. Je conçois le fait qu'un perpétuel nomadisme ne s'arrange pas avec l'esprit féminin, plus axé sur le présent qu'attiré par les horizons nouveaux.

Perdu dans mes songes face à la mer, Sophie et deux autres de ces copines me tirent de mes pensées. Elles ont une grande chambre positionnée entre celles de l'encadrement. Aussi, elles sont un peu privilégiées en matière d'hébergement par rapport au reste du groupe. Par mon inactivité forcée, je fais office de recueil, de psy, on vient se confier. Vu que je n'ai pas à être autoritaire, j'ai la côte.

Nos trois copines sont en plein conflit affectif et difficile à gérer. Tour à tour elles me harcèlent de questions.

— Éric on s'ennuie, pourquoi les garçons nous ignorent, sont méchants ou dragueurs, pourquoi on se fait jeter. On voudrait aller en boîte, faire du shopping, je n'en ai rien à foutre de partir en montagne.

— Oh là ! Pas toutes à la fois, bon nous avons un peu de temps devant nous, je peux juste vous donner quelques pistes et peut-être expliquer. En gros dans le monde moderne les hommes ont fabriqué un fantasme de blonde hollywoodienne; par peur d'être abandonnées, vous la copiez pour attirer l'attention des garçons. Mais ceux-ci ne vous sentent pas naturelle, ils se méfient, en plus à un âge où ils doutent, ça complique le phénomène.

— C'est con d'être une femme ! Soupire Virginie.

— Mais pourquoi tu dis ça, sans femme il n'y a pas d'humanité. Le souci, c'est que vous, vous appliquez à gommer votre vraie féminité, pour endosser le clinquant de la minette.

Au fond de votre corps, vous le ressentez ce que c'est d'être une femme authentique, c'est plus ce sentiment qui doit vous guider que les modèles de magazines ou les won- derwomen, notez la mécanique du mot, femmes de direction agressives, femmes de graphique et d'ordinateur, qui rationalisent la production, qui exploitent ou humilient se haïssant d'être des femmes.

— Oui mais, celles que l'on voit à la télé, ce sont celles- là qui réussissent.

— Bon la télé ne rime pas avec vérité, c'est une image saisie sur quelques minutes. Qui te dis que ce modèle de femme ne se trouve pas seule et désespérée, même si elle est très entourée ! Elle donne une apparence libérée, mais dans un monde d'homme fait pour les hommes par les hommes. Elle se trouve piégée, libre physiquement, mais conditionnée, elle perd sa personnalité et son originalité. Te laisser croire qu'en exerçant des activités d'hommes tu gagnes l'égalité est une duperie. Ça voudrait dire qu'au départ, il y a un être supérieur, l'homme et l'autre inférieur, la femme. Or ces deux êtres sont différents.

Sophie reste pensive.

— Peut-être sur les activités sportives, comme hier au volley, ils nous sont supérieurs et en plus ils nous chambrent.

— Pas supérieurs! Avantagés!!! Normal, c'est physique, maintenant mets de la musique et regarde combien possède le tempo naturellement, tu verras que la situation sera inversée. Se pose-t-on la question d'opposer le vent à la pluie, de comparer l'eau et le feu. Ce dernier peut être éteint par l'onde, mais peut aussi la faire évaporer. Pourtant l'ensemble associé, crée la cuisine, le chauffage central, les machines hydrauliques, etc.

Stéphanie un magazine de lolita à la main exposant une blonde oxygénée, exprime une envie.

— Tu vois le nouveau numéro a paru et je ne peux aller l'acheter.

— Ici le service n'est pas à la carte, et en plus tu retombes dans le travers que j'essaie d'expliquer. Tu bades cette starlette qui est un produit de consommation fabriqué à la chaîne, un cliché mélange de pub et ciné. C'est une forme de prostitution moderne que se déguiser pour être photographié et payé. C'est une pathologie !

— Une quoi ?

— Une maladie, cette manière de vouloir être décolorée, elle frappe le plus souvent les coiffeuses, esthéticiennes, pullule le long des artères marchandes et boîtes de nuit. C'est un produit de la société moderne comme le Cac 40, l'informatique, l'urbanisme, la pollution, les marées noires.

— Tu ne la trouves pas mignonne alors ?

— Pff ! La décoloration a atteint sa cervelle, muette sans âme elle manque de chaleur. En plus elle peut être perfide et dangereuse, elle va chercher à se venger de ce qu'elle est devenue. C'est le genre de fille qui peut dépouiller une fortune et laisser un mec comme une loque.

— Qu'est ce qui te fait dire ça ?

— Parce qu'elle est dissimulée sous une fausse apparence, cela sent le mensonge en tant que seconde nature.

— Et bien si ma mère savait la façon dont tu parles.

— Pourquoi ?

— Ben la description que tu fais des fausses blondes.

— Excuse-moi.

— Ça ne fait rien, tu ne pouvais pas savoir et puis je ne m'entends pas avec elle.

— Et ton père ?

— Je ne sais pas trop comment le prendre, il se dispute souvent avec ma mère.

— Ouav ! C'est un cas d'école.

— Pourquoi ?

— Je sais, c'est dur à dire, mais cette situation, des millions de filles la vivent dans le monde, c'est le complexe d'Œdipe.

— Œdipe.

— Oui ce n'est pas un chanteur, cela vient de la mythologie

grecque, mais je ne vais pas te faire un cours d'histoire. Le souci c'est que tu es en concurrence avec ta mère. Elle te ferme la porte et tu te retrouves sans base arrière, sans recueil. Et telle que je te connais, tu dois faire du charme à ton père, c'est d'ailleurs ça qui motive la réaction de ta mère.

— Oui mais, ce n'est pas facile, mon père paraît inaccessible, d'ailleurs, il ne me remarque pas.

— Ne crois pas ça, il se tient en neutralité, embarrassé par votre guéguerre. N'oublie pas, tu n'es pas sa femme mais sa fille. Surtout ne copie pas ta mère. Sois vraiment toi, sois ce que tu ressens au plus profond de ton être. Aie du charme mais ne joue pas des charmes, ne minaude pas, tu verras la situation va se détendre.

— Si tu le dis, mais au présent, demain, on doit partir en montagne je n'ai pas envie mais pas envie du tout.

— Tu sais la montagne, c'est un tout il y a les paysages bien sûr, puis le raid a une valeur pédagogique. Vous êtes retirés du monde, ça apprend à vivre ensemble, à s'astreindre à une autodiscipline. Vous laver votre esprit de toutes les scories d'une société trop superficielle. Vous verrez, vous vous sentirez plus femme, vous vous accepterez mieux.

— Ah bon tu crois ?

— Certain, tu n'auras plus de souci d'être admirée en permanence, tu laisseras le look de côté.

— Mais pourquoi, c'est toujours dur pour les femmes, en montagne on va devoir marcher, et dans la société on nous fait marcher.

— Tu fais un raccourci un peu vite, je sais bien que changer de bivouac tous les soirs n'est pas très rassurant pour une femme, mais vous aurez en échange d'autres compensations. Pour ce qui d'être prise pour une imbécile comme tu le laisses deviner dans ta question, le débat est vaste. Disons grosso modo que l'homme angoisse s'il ne fabrique pas, car il ne peut pas créer, donc il essaie de vous reformater de la façon que je vous ai expliquée précédemment, car vous lui échappez. Tu me diras dans le monde arabe, c'est moins subtil, tu prends une bâche sur la tête jusqu'au pied.

— Mais c'est terrible tout ce combat, toute cette charge qui nous pèse.

— Hélas, oui ! Pourtant combien le monde a besoin de vous. Par exemple l'on s'accorde à dire, lors des débats de société, qu'il faut faire appel à des spécialistes pour pondre des lois.

Des questions se posent embrouillées sur la bioéthique, l'euthanasie etc. Les spécialistes de la vie, ce sont les femmes, c'est vers elles qu'il faut se tourner pour établir une charte.

Il faudrait arrêter l'opposition femmes, hommes.

— Combien tu as raison, une flèche sans arc n'est rien. Nous pouvons le prouver cent fois. Par exemple en discothèque, personne ne remarque l'homme ou la femme qui s'ignore. En revanche sur une danse à deux l'émotion perce, des regards admiratifs, mêlant plaisir et bonheur, observent. A l'identique la rencontre des amoureux sur un quai de gare dégage une aura. Même le cadre stressé sera interpellé une fraction de seconde par cette énergie qui est la naissance de la vie.

Sylvie rajoute :

— Je pense que si l'on est moins soumise, en affichant de l'intelligence par rapport à la force, de la qualité à l'opposé de la production, de l'être contre le paraître on peut faire évoluer les choses.

Je poursuis en souriant:

— Tu vois, on commence à se comprendre, vous êtes sur le bon chemin, comme demain en randonnée! Votre différence est la richesse de l'humanité, cultivez-la, la vraie féminité c'est l'âme, la sagesse, la patience, la création.

Un bruissement d'air chaud dans le feuillage d'eucalyptus emporte nos propos. Je ne sais comment ce camp se terminera, mais il faut se rendre à l'évidence, j'ai de plus en plus mal. L'odeur qui se dégage du plâtre ne présage rien de bon. Une semaine après sur le continent, un docteur me délivrera de cette gangue en plastique. Je n'ai plus de derme les chairs purulentes sont à vif. Il faudra greffer un film synthétique puis replacer le tibia en travers, la rééducation résoudra le reste.

TRAVERSÉE DU SAHARA

— Passe-moi la clef de douze.

Jean-Louis professeur de boxe française au muscle tonique se démène avec le moteur deux litres de la R20. Il faut dire que cette vieille dame va sur ses cent quatre-vingt mille kilomètres. Nous l'avons déplacée de nuit, car nous ne voulons l'assurer qu'au dernier moment. Bien entendu, à chaque virage les pneus miaulaient, comme s'ils voulaient avertir la police. Nous avions prévu des pièces détachées en achetant un deuxième modèle. Malheureusement, deux pandores récalcitrants ne voyant pas de vignette conforme, nous font embarquer le véhicule abusivement, bien qu'il soit sur une propriété privée, direction la casse.

Renseignement pris et adresse en poche, je me dirige un après-midi d'octobre au « pas de l'escalette » sur la route des Goudes. Bien décidé à repérer les lieux pour récupérer notre véhicule la nuit. Là, les choses se corsent réellement, la casse est ceinte de hauts murs et dans l'espace ainsi clos se tient un... tigre ! Pensant en moi-même, qu'il représente avantageusement le plus féroce des pit-bulls, il va donc falloir changer de tactique. Finalement le bureau de gendarmerie nous autorise à prélever toutes les pièces détachées nécessaires.

Chose faite ! Le dernier jour, je m'acharne à renforcer les amortisseurs, déclinant l'offre de Jean-Louis, me présentant une copine pour l'après-midi. Rien à foutre de cette gourgandine, si on casse à deux mille kilomètres au sud d'Alger, qu'est-ce que cette relation m'aura apporté. Je maugrée sur la légèreté de mon ami, tout en découpant des tuyaux de caoutchouc armé. Je positionne ces derniers autour des ressorts de fusées.

A dix-sept heures Jean-Louis revient, nous poursuivons le rangement et l'inventaire. Bidons d'eau et d'essence, pelles, plaques de désensablage, pharmacie, pièces de rechange moteur, outils, duvets, quatre roues de secours, popotes, nourriture, stock de vêtement pour le troc. A minuit, la préparation commencée quarante jours plus tôt prend fin.

Nous embarquons le premier novembre à bord du *Hoggar,* bateau qui ne tient plus que par la peinture. Voiture parquée, nous gagnons nos couchettes de troisième classe. Le soir venu, les premières classes s'amusent aux sons d'un groupe de musiciens. L'accès nous étant refusé, qu'à cela ne tienne, nous enjambons une barrière sur le pont. Après une heure de musique, la mer se déchaîne, le repli est général sur les matelas. Nous arrivons au milieu d'effluves de pisse, et de vomissures qui s'étalent dans les coursives. A plat ventre, je me cramponne à l'oreiller, réussissant à m'endormir. La journée du lendemain s'étire en longueur, nous débarquons avec soulagement en fin d'après-midi.

La file d'attente pour les formalités s'annonce longue. Le premier accroc se présente avec le change obligatoire de mille dinars. J'ai oublié une seule chose, le liquide. Jean- Louis pioche dans ses dollars qu'il change avec un Suisse à un taux prohibitif. Ce dernier produit un sourire jusqu'aux bananes.

Trois heures que nous patientons, enfin le douanier esquisse un signe. Arrivés à sa hauteur; nous affectons un air neutre. Le moteur en pièces détachées doit être taxé et nous n'en avons aucune envie. Donc rien n'est déclaré. Pour autant, s'il est découvert, bonjour les problèmes. Voyant la quantité d'éléments à inspecter, le gabelou soupire de découragement.

— Vous allez où avec tout ce barda ?

— Au Niger.

— Pourquoi faire?

Inspiration subite de Jean-Louis.

— Niquer les Nigériennes.

Rire gras et idiot du douanier qui conclut :

— Tia raison, toutes des salopes.

Ça a été notre laissez-passer!

Vingt mètres plus loin, un second douanier nous arrête pour changer au noir à une parité dix fois supérieure au cours légal.

— Désolés ! Nous n'avons vraiment pas de liquide. D'un geste en souriant, il nous invite à poursuivre. Au premier giratoire, j'accroche la main d'un policier de la circulation. Il faut dire que celui-ci a plutôt des ordres chaotiques dans ce magma d'automobiles. Bon enfant il ne s'alarme pas outre mesure.

La nuit tombe, quand nous nous extirpons d'Alger, nous dépassons Blida et premier emmerdement, le moteur fume. Personne dans les rues, je m'approche et pénètre dans un bar pour m'enquérir d'un hôtel. Visages barbus, chemises vertes, djellabas, regards hallucinés, ça respire l'intégrisme, silence pesant, personne ne répond à ma demande. Par force nous dénichons un hôtel en réfection. Gentiment le gérant nous propose de partager sa chorba.

Ce soir la chambre sent la peinture fraîche, nous en serons quitte pour un mal de tête.

Le jour m'éveille, mon ami est déjà aux abdominaux. Pour le petit déjeuner, notre hôte nous indique un garagiste afin de réparer notre durite. En chemin nous demandons notre direction à un bon bougre juché sur une mobylette bleue. Ce dernier nous propose d'acheter des vêtements. La réparation effectuée, nous le suivons à l'écart. Le marchandage s'effectue avec une partie de notre stock.

— Alors, Jean-Louis ça va mieux avec trente mille dinars en poche.

— Ouais, planquons-les. Ce n'est pas avec notre feuille de change à mille dinars que nous ferons illusion lors d'un contrôle.

Après avoir acheté des dattes, qui ont sûrement trois ans, nous apercevons notre premier relief désertique avant Djelfa.

Instantanément, nous nous détachons. Nous y sommes, violence bleutée du ciel, ocre du sol, lumière vive.

Le tenancier du routier, moustachu jovial, nous accueille à bras ouverts. Nous, nous régalons de tomates aux oignons. Une fois encore, retrouver le vrai goût d'un aliment devient un plaisir de plus en plus rare, hélas.

— Kawa?

— Kawas deux !

Nous repartons sur un nuage.

— Ça chauffe encore.

— Vraiment fais voir !

Je me penche sur le tableau de bord, l'aiguille est dans le rouge.

— Mets le chauffage, tu doubleras le circuit d'eau.

Effectivement, l'aiguille redescend un peu, mais l'intérieur est une étuve. Nous pénétrons dans Laghouat, véritable musée pour 403 et 404 pigeot, pour nous précipiter à la banque en raison du change obligatoire. Choses faites, après une commission prohibitive, nous trouvons rapidement un hôtel à proximité d'un parc désaffecté.

Bagages posés, nous entamons un footing afin de dégourdir nos jambes. Une heure ensuite, assoiffé, j'ingurgite l'eau d'un robinet de chantier. Très grande erreur que je vais payer dans quelques jours.

GHARDAÏA

Cette ville inattendue qui, au troisième jour de route, surgit comme immuable au fond d'une dépression, c'est Ghardaïa. Une pentapole comportant toute un nom différent, la plus grande a donné le sien. Ghardaïa. La région se nomme le Mzab, par extension ses habitants sont des Mozabites. Cet endroit comporte une architecture étonnante, des couleurs vives, un mode de vie intemporel, une population originale.

Ghardaïa évoque la forme d'une pyramide. Les demeures sont imbriquées les unes aux autres, chaque terrasse suspendue par des arcades ouvertes sur l'extérieur, ainsi l'ensemble rappelle la maison des abeilles. Il faut se perdre dans le dédale des rues à la recherche de l'introuvable mosquée Sidi Brahim qui inspira Le Corbusier pour la chapelle Ronchamp. Se retrouver à l'heure du marché où chaque venelle est ombragée de tissus tendus entre deux murs, protégeant le chaland du soleil.

Le mozabite est un commerçant né, il pourra vous encaisser un chèque d'un pays étranger sans ennui. Normal! Ce moyen de paiement ne vient-il pas du mot... Cheik! Ici, il ne faut pas se fier aux apparences, le plus riche des marchands peut avoir l'allure du mendiant. L'argent n'est rien, l'eau est l'or, il pleut une fois l'an. Aussi, des barrages aux formes de peignes en terre, régulent et distribuent le don du ciel pour entretenir la vie. La religion comme une chape de plomb voile les femmes ne leur laissant apparaître qu'un œil.

Je flâne dans les rues, à l'approche d'une mosquée en pantalons courts, lorsque je suis intercepté par un barbu au regard halluciné. « Quand un jobard de dieu fixe un aigle dans les yeux, ce dernier au bout d'une minute perd ses plumes. »

— Vous ne pouvez pas marcher comme ça.

— Mais je ne me rends pas dans la mosquée.

— Ça ne fait rien, le périmètre est sacré.

Je m'incline, je ne suis pas chez moi et respecte les coutumes des autres. Mais combien j'aimerais que dans mon pays, l'on fasse respecter les nôtres, non pas qu'à l'intérieur de l'école laïque, mais sur tout le territoire républicain.

Nous recherchons une échoppe pouvant nous procurer un nettoyant de radiateur, nos durites étant entartrées. Lestés de nos boîtes, nous regagnons notre camping-hôtel à l'orée de la ville. Ceint de murs ocre surplombés de palmiers, parfumés de jasmin, l'endroit est génial. Nous échangeons quelques propos avec un groupe de Français voisins, puis prenons la direction de nos duvets sur lit de sable fin.

Après une matinée de mécanique, nous demandons au propriétaire de nous conserver l'emplacement. Ensuite nous partons en excursion l'après-midi. Au couchant du soleil, nous avons rendez-vous avec Rachid.

Il nous a été recommandé par un passager du bateau. Je l'avais accosté, car il dégageait une forte personnalité de baroudeur, ses conseils tout au long du voyage nous ont été précieux.

Rachid est présent à l'heure dite pour nous acheter pièces de rechange et vêtements. Seulement il ne veut pas traiter en ce lieu, donc il nous entraîne dans un inextricable réseau de ruelles. La nuit est tombée, les réverbères se font rares, la logique voudrait que nous rebroussions chemin. Mais j'ai confiance, le visage ouvert et intelligent de notre interlocuteur m'a placé dans de bonnes prédispositions. Nous atteignons une masure isolée, un homme patiente, il fera le gué pendant la transaction. Un marchandage s'engage âprement, pièces et effets changent de mains. Allégés, mais le portefeuille gonflé nous repartons sur le camping.

— Oh! Mais tu ne nous as pas gardé la place.

— *Wala* ! (Je te jure!) Je te jure, j'ai pas pu faire autrement, mais vous dormirez dans ma maison.

En pénétrant chez notre hôte, j'aperçois un carton d'eau minérale des volcans français à capitaux suisses.

— Hé ! Enfoiré, hier tu nous disais que l'eau de ton puits était potable, heureusement que j'ai ajouté des cachets.

Gêné, il bredouille.

— Je sais mais excusez-moi.

Tout le contradictoire de l'Algérie est résumé, hier l'hôtelier nous empoisonnait, aujourd'hui, il nous offre sa demeure.

LE DÉSERT

Debout à six heures, nous filons quelque temps après sur El Goléa. Le moteur ronronne gentiment et le circuit de refroidissement a décidé de ne plus se faire remarquer. L'arrivée sur la ville est surprenante, l'anthracite de la route bien dessinée tranche sur la blondeur du sable. Puis, brusquement à la rupture du plateau, l'asphalte plonge rectiligne sur la cité au fond de la dépression, donnant l'idée d'être à bord d'un aéronef.

Nous gagnons un hôtel au cœur d'une ou de la plus grande palmeraie du monde, quatre, six, huit cent mille arbres, chimère des chiffres je ne les ai point comptés. Pour autant, nous déjeunons au cœur de l'oasis, notre corps attiré irrémédiablement par le bassin de l'hôtel. Sous le regard horrifié du personnel, nous barbotons paisiblement, malgré les imprécations d'un de ce dernier. Il faut dire que l'eau verdâtre à l'invisible fond est paraît-il contaminée de bactéries affamées.

Par ailleurs, le marché du soir permet d'acheter chèches (écharpes très longues) et pantalons amples dans une ambiance assoupie, éveillée ça et là par des cris d'enfants nous escortant, heureux de nous montrer leurs jardins. Ceux-ci, à l'abri des palmiers, produisent fruitiers, légumes et fourrage. L'irrigation s'effectue dans un enchevêtrement savant de mini-canaux. Les premiers astres apparaissent, un vieil homme et son âne rassemblant à deux la sagesse du monde, nous indiquent le chemin de l'hôtel.

Dans la nuit, l'eau ingurgitée à Laghouat a produit son œuvre, je me lève tous les quarts d'heure, sautant la balustrade du balcon, pour me répandre dans le jardin attenant, de glaire fécale sanguinolente. Je m'envoie une dose d'Immodium. Petite particularité de l'hôtel, il n'y a pas d'eau courante, j'ai bien essayé les toilettes de quelques chambres ouvertes, mais à la dixième, aucune autre n'était disponible. Le matin le petit déjeuner se résume pour moi à quelques tranches de pain avec des cachets d'Ercefuryl. Nous déguerpissons dare-dare. Car une noria de touristes espagnols arrivés très tôt prend possession des locaux. A la découverte des toilettes leurs cris horrifiés ne tardent pas à s'élever et quand on connaît les capacités vocales des Ibériques, on imagine aisément la démence du bruit !

Malgré le mal qui me ronge, je conduis pour le départ. En cherchant la station-service, distrait, je n'aperçois pas le gendarme couché à la sortie de la ville. Comme dans toute l'Algérie, ils sont particulièrement hauts, la voiture retombe sur les longerons, au grand dam de Jean-Louis. Pourtant se poursuit la traversée du Tadémaït, plateau immense et monotone de quatre cents kilomètres dans sa largeur. La vue porte si loin que la terre nous offre, en cette aube, sa courbure. Je parviens à In Salah en plein calvaire, intestins retournés, estomac au-dessus du cœur, confectionnant renvoi sur renvoi, à l'exhalaison soufrée.

Jean-Louis s'occupe de l'accueil et je m'effondre dans la chambre. Une heure après, je traîne mon corps dans une gargote pour avaler de la graine de couscous, celle-ci combinée à quatre doses d'Intétrix. En terme de prophylaxie, ce sont les grands moyens. Re-chambre, torpeur, sommeil... au crépuscule, ça y est... je suis guéri. Dans la foulée, un employé de l'hôtel nous apprend que l'eau de Laghouat comporte souvent le germe du choléra, ses eaux de canalisation potables se mélangeant allègrement avec les égouts. Santé ! Depuis ce jour je vouerais, sur tous les continents, dans tous pays, un culte sans limite à l'Intétrix.

In Salah est aussi la ville la plus chaude d'Afrique, des températures de quatre-vingt-deux degrés ont été enregistrées. Nous essuyons notre première tempête de sable, touffeur siliceuse, spirale de gypse, abrasion des chairs, en urgence nous graissons la carrosserie. Un compatriote moins prévenant a omis ce détail. Quelques instants plus tard son capot semble un prototype d'aviation à l'aluminium brossé.

La nuit a été réparatrice, nous quittons cette ville d'argile rouge qui marque les prémices de l'Afrique noire. L'étape comporte sept cents kilomètres torrides, où tour à tour les dunes succèdent aux montagnes. Le véhicule défile dans les impressionnantes gorges de l'Arak. Par ailleurs, la chaleur atteint son paroxysme, j'ai l'impression de détenir un sèche-cheveux en action dans ma cavité buccale. Nous actionnons continuellement le vaporisateur d'eau, afin d'humidifier notre habitacle. Durant ce temps à notre gauche, un vieux fort de la légion étrangère témoigne d'un passé empli d'épopée. La route est par endroits littéralement défoncée. Les plaques de goudrons arrivent à hauteur de mon visage, leurs assises protégées de l'érosion, nous, nous faufilons ainsi dans des cheminées de fées miniatures.

A In Ecker, lieu où la France a testé sa première bombe atomique, nous profitons d'un café échu en pleine fournaise, pour étirer nos jambes. Surpris, ayant trempé, pour retrouver un semblant de fraîcheur, mon ticheurte, je le retrouve sec en quelques secondes. Intrigué, je jette aussitôt un bol d'eau sur le sol, celle-ci s'évapore à l'identique de l'alcool. Je termine par l'ablution complète de mon chèche de six mètres, créant une climatisation naturelle. Enturbanné de la sorte, j'aperçois mon premier Touareg. C'est vrai, leurs femmes ne portent qu'un discret foulard. Mais celle-ci a son cou enserré d'un collier soudé à une chaîne que l'homme tient d'une main ferme. D'un ordre aboyé, il l'oblige à s'asseoir à ses pieds. Silence pesant. La rumeur affirme que les femmes jouissent d'une grande liberté qu'elles possèdent une tente ! Oui ! Sûrement le coin cuisine, je pense !

Nous démarrons frustrés, sans avoir pu obtenir le moindre détail quant à cette torture, le soir *Tam* (Tamanrasset) nous ouvre ses portes. Je pense à mon grand-oncle, Jean Barody, baroudeur émérite, accompagnateur avec Mermoz, évadé d'Allemagne par deux fois, chef de maquis dans les forêts auvergnates qui s'était posé avec un antique coucou sur l'aéroport local en 1945. C'était avant les charters, la pub, le tourisme de masse et que sais- je encore. Pour ma part je me contenterai ce soir du camping local. Sous un acacia, dans la nuit pure du désert où scintillent les étoiles, notre repas mijote tranquillement. Plus tard, je m'allongerai sur un large muret de pierre, le regard perdu dans la voie lactée.

Pour autant, sur quelques jours nous randonnons dans le massif de l'Assekrem. L'endroit représente une formidable citadelle naturelle, situé au cœur d'un territoire grand comme la France, en majeure partie inexplorée. D'immenses cônes basaltiques, récifs d'une mer oubliée, tels des dents géantes striées d'orgues, s'élancent vers le ciel. Leurs couleurs alternent du mauve au brun, témoins du cataclysme volcanique qui secoua la région en des temps immémoriaux. Les surprises se succèdent, *gueltas* (piscines naturelles) poissonneuses, gravures rupestres, pointes de flèches du néolithique, rochers de grés noir, lever et coucher de soleil à l'ermitage du père Foucault, sable jaune orangé. D'ailleurs marcher pieds nus dans le doux tapis aux grains soyeux est un bonheur intense. Le séminariste possédait un goût sûr, quant à ses lieux de méditation.

Un mot sur Charles, né au milieu du xixe siècle, il vit une existence de débauché jusqu'à trente-cinq ans, puis se retire en ermite au milieu du Sahara. Il étudie l'islam, se fixe à Tamanrasset chez les Touaregs pour vivre avec les infirmes, les aveugles et les misérables. En dix ans, il établit le dictionnaire de langue tamacheq qui sert toujours de référence à nos jours. Il sera tué en 1916 au cours d'une attaque Sénousis, ennemi des Touaregs.

Ces derniers ont fière allure, juchés sur leurs vaisseaux du désert que sont les dromadaires. Munis de leurs *takouba* (épée), dès qu'ils s'éloignent de plus de sept pas de leurs tentes, selon le dicton. La teinte indigo de leurs chèches déteint sur la peau, les faisant surnommer ainsi, les hommes bleus. Le cou orné des fameuses croix du désert, objet d'argent façonné par les hommes selon le procédé du moule perdu. Tout d'abord un morceau de cire est transformé en croix, celle-ci est enfermée dans une boule d'argile a laquelle on a inséré une paille pour réaliser un canal. L'ensemble porté sur le feu permet à la cire chaude de s'écouler vers l'extérieur. Remplacée aussitôt par de l'argent en fusion, il faudra attendre le refroidissement complet pour casser le moule et récupérer le bijou de métal.

Des heures d'étamage et de polissage seront nécessaires à la touche finale. Chaque ville du désert possède son motif, la légende veut que l'origine provienne de la jatte de lait que l'on déposait devant la tente avec deux bâtons en croix pour chasser les mauvais esprits. Il y a quelques années, détenir cet objet certifiait un voyageur. Aujourd'hui n'importe quel péquenot peut se le procurer sur les étals de Marrakech, les commerçants arabes ayant repris à bon compte un procédé sans brevet. Pourtant impassibles, les Touaregs poursuivent leurs traditions, chez eux le thé est un rituel, le proverbe dit:

Le premier est amer comme la vie.
Le deuxième fort comme l'amour.
Le troisième suave comme la mort.

Quand le quatrième arrive, il faut partir. L'hôte rompt donc élégamment la relation.

Leur société est très hiérarchisée, au sommet de la pyramide sont les combattants rejetant l'école du colonisateur français au début du siècle. Us ont préféré y envoyer leurs vassaux. Aujourd'hui, ces derniers sont avantagés devant les barrages administratifs, fréquemment plus difficiles à franchir que les dunes sableuses. En descendant quelques degrés nous trouvons les éleveurs de bétail, souvent d'anciens esclaves reconvertis. En effet l'ancien travail du Touareg était d'emmener des esclaves d'Afrique noire aux Maures du nord. Seulement de nos jours, Africains et Arabes possèdent des pays et le Touareg se retrouve étranger sur ses propres terres. Paradoxalement, il demeure plus libre sur le territoire algérien, bien que les dirigeants de ce pays toujours prompt à vilipender le colonialisme subi, ne se soient pas gênés pour enfiler les habits du colonisateur en épousant trait pour trait les frontières tracées par la France. Le pays se retrouve ainsi avec une surface trop importante à administrer pour une seule portion productive, la vraie Algérie, c'est-à-dire la frange méditerranéenne.

Kadhafi s'en mêla promettant une nation touarègue, il enrôla des volontaires au sein d'une légion équipée de quatre-quatre montés de tubes lance-roquettes. Les répressions au Mali et Niger furent sanglantes. On aligna des rangées de Touaregs pour les fusiller et chose grave entre toutes, pour eux, on les fit mettre nus devant les pelotons d'exécution. D'autres bandes guerrières, mi-pillardes, dirigées certaines par des blancs, attaquaient les véhicules sur les pistes surtout la nuit, laissant le ou les infortunés en slip, dans le meilleur des cas. Nombre de personnes ne sont jamais revenues des pistes sahariennes. Nous en étions là lorsque nous partîmes de Tarn direction le Niger.

Nous faisons équipe avec un camionneur algérien. Il nous allège en transportant pièces détachées et bidons d'essence. Trois voitures algériennes se joignent à nous pour la traversée. Passé le poste de contrôle à la sortie de la ville l'enfer commence, quatre cents kilomètres de piste défoncée, *fech-fech* (poussière de sable), pierres, rochers, chicanes, tôles ondulées, carcasses de voitures calcinées ponctuent le parcours. Le radiateur du camion ne tient pas le choc et nous gaspille quarante litres de notre provision d'eau. J'applique une soudure à froid emportée par précaution, ça repart. Jean-Louis s'ensable légèrement, un passager des voitures lui lance professoral :

— Demi-accélérateur!

Mon collègue parvient à s'extirper, cinq cents mètres plus loin notre professeur se plante profondément. Jean- Louis baisse sa vitre et à son tour lui crie :

— Demi-accélérateur!

Extinction des feux, trois heures du matin. A six, Jean- Louis lève-tôt, sonne le réveil, pas de toilette, l'eau est rare, seuls les essuie-tout pour bébés sont acceptés. Quand j'aperçois le professeur nous prendre sans gêne un bidon de dix litres pour ses ablutions, je lui arrache des mains le récipient est déjà par moitié entamé.

— J'en ai besoin pour la prière.

— Fallait prévoir ! Pisse-toi dessus !

Ce jour-là nous n'avons pas avancé, tout au plus trente kilomètres, tout le monde s'ensable. Les moteurs ronflent, les cardans bloqués par les sables gémissent, les voitures souffrent, les hommes aussi. Quand le camion se plante, nous devons porter les plaques de soixante kilos chacune, les positionner sous les roues après avoir pelleté. Dégonfler les pneus pour une meilleure prise au sable, regonfler au bras, etc., tout le monde s'entraide.

Sortir une voiture du fech-fech s'apparente à la poussée en mêlée, car l'effort doit se faire simultanément. Au prix de flexions harassantes, le véhicule consent à se libérer. Le lendemain Jean-Louis, toujours premier levé, presse son monde, il faut partir tôt, c'est plus facile, car le sable durcit avec le froid nocturne. Puis la passe de Laouni avec ses dunes nous attend. Il fait une chaleur dantesque. J'ai recours à de la crème dans mes narines pour éviter la déshydratation des muqueuses. Avec sept litres d'eau bue chaque jour, celle-ci vient à manquer, les vivres aussi. Nous avons tout partagé avec les Algériens, qui n'avaient rien prévu. Le peu qui nous reste, nous l'ingérons en cachette. J'avale des cachets afin de me constiper sciemment, un peu d'eau en moins de perdue. Angoissant ce désert. Je m'exerce à transvaser l'eau des bidons dans les gourdes, et à prendre mon petit déjeuner alors que la voiture tressaute sur la tôle ondulée.

Après une permutation de volant s'ensuivent deux frayeurs. Sur une bosse notre véhicule décolle des quatre roues, s'incline portière droite parallèle au sol. Jean-Louis à ma droite est sous mon épaule ; à la suite d'interminables secondes, l'ensemble se redresse pour retomber enfin à plat. Aussitôt deuxième montée d'adrénaline. Mouloud avec sa R25 coupe notre route à un mètre devant, nous sommes à 120 km/heure. Re-bosse, ré-envol, atterrissage en douceur.

— Content Jean-Louis? Il a mieux valu que je renforce les amortisseurs le jour du départ plutôt que ta copine passe l'après-midi avec moi.

Midi arrêt à l'ombre de rochers barrant la fin de l'oued. Je soigne une vieille algérienne avec du collyre. Ses yeux sont brûlés par le soleil. La pauvre femme exécute un trajet sur la benne d'un semi-remorque, qui disparaît sous un amas humain. En poursuivant, notre camion tracte un parasite (ils sont nombreux dans le désert), sa voiture plus ou moins en panne accrochée à l'arrière. Cette tronche molle garde une vitesse, notre câble casse, le camion surchauffe et le tout s'ensable. L'infortuné à la tête ensanglantée, après avoir heurté le volant de son automobile.

Nous pelletons, les plaques sont fichées quasi verticales sous les roues motrices du camion. Rachid démarre. Dans un sixième sens, je bondis genoux au menton, la plaque de mon côté pivote telle une faux géante manquant me trancher les jambes.

Tronche molle fait partie du groupe de Français que nous avions croisé à Ghardaïa. Il nous implore d'attendre ses amis. Deux heures plus tard nous décidons de continuer notre progression. Alors notre parasite se plaint de n'avoir pas été soigné convenablement. Jean-Louis l'apostrophe menaçant.

— Ce que tu as ce n'est rien, mais ça peut très vite s'aggraver si tu continues à me les briser.

L'altercation est interrompue par l'arrivée d'une connaissance croisée à Tam que j'avais surnommé Bébel à cause de son bagou et de son allure. Je lui avais confié deux bidons pour les remplir à une source proche du camping et je ne l'avais plu revu.

— Oh là ! Garçon ! Et les deux jerrycans ?

Le front marqué d'une ride, car un peu sous la pression, il ouvre son coffre et nous tend les deux bidons. Le bonheur !

Avant de partir je propose quelques cachets à Rachid malade.

— Par ta main c'est Allah qui me les donne.

— Si tu invoques encore une fois la religion, je te promets que je les jette.

Cabotant à petite vitesse, sur une assise caillouteuse, nous éclatons un pneu. Mais cet incident est presque un plaisir, car la plaine s'élargit. L'euphorie nous gagne, le puissant moteur deux litres nous propulse vers le village frontière d'In Guezzam.

Sur l'esplanade centrale, un vieux fût rouillé tient lieu de margelle au puits. J'aide les petites filles de corvée d'eau à remonter les seaux un peu lourds pour elle. Leur sourire timide donne un joli remerciement.

Le soir attablés dans la gargote locale, nous dînons d'un couscous en compagnie du parasite et de sa bande. Us ont abandonné un de leurs amis en souci mécanique, c'était le plus sympathique.

— Vous auriez pu rester avec lui, le désert est dangereux la nuit pour une personne isolée.

Balayant l'objection, leur meneur déclare :

— Bof, faut pas être paranoïaque. Et puis un camionneur lui a proposé de le tracter pour mille balles... il a refusé.

Il faut dire que la solidarité du désert est souvent un mythe, le désarroi des uns créant le profit des autres.

L'addition se présente et une personne n'a pas réglé sa part.

Nous pensons que c'est Ouini. Un Malien qui faisait route avec Rachid. D'une gentillesse et d'un dévouement absolu. Combien de fois n'a-t-il pas porté les plaques du camion, en plein soleil, ses épaules meurtries en attestent. Effacé, toujours d'humeur égale, il incarne la bonté même. Il rejoint sa famille au pays. Je pense qu'il ne doit pas avoir la somme nécessaire. D'un commun accord avec Jean- Louis nous complétons l'addition. Dans la soirée mon ami apprend surpris que c'est tronche molle qui n'a pas payé sa part. En sus ce dernier détenait cinquante litres d'eau ce matin, alors que nous en manquions cruellement.

Je me couche avec l'envie d'étrangler cet énergumène.

Debout les pieds dans le moteur, je tente de desserrer une pièce défectueuse. Jean-Louis refait les niveaux. Quand le chef des parasites, le ton faux cul, façon directeur de la communication d'entreprise, s'avance :

— Ne pourriez-vous pas nous prêter vingt litres d'essence et un peu d'huile.

— Et puis quoi encore, ton pote nous a perdu la pelle, cassé un câble, coulé un moteur, tu ne veux pas une pizza... je te la fais tout de suite.

— Oh ! Mais avec toi, il est impossible de communiquer.

Excédé la lourde clef anglaise à la main, je lui crie:

— Maintenant tu dégages ou c'est moi qui te dégage.

Une des minettes qui l'accompagnent s'en mêle.

— Non mais en voilà des façons.

— Oh ! Toi, fais cent mètres tu vas peut-être trouver la plage pour bronzer... N'oublie pas la crème.

— Je regrette de ne pas être un garçon pour te mettre mon poing sur la gueule.

— Oui, mais comme tu n'en es pas un, tu te CASSES!!!

Nous ne les reverrons plus.

L'attente au poste frontière est interminable. Ghardaïa, surnom donné à un de nos compagnons dont l'origine est le M'zab, ne nous quitte plus. Trois jours auparavant, effectuant le point avec ma boussole, je lui ai rectifié son orientation de prière. Au couchant, il se prosternait systématiquement vers le sud, prenant comme repère le soleil sur son oreille gauche au lieu de sa nuque.

— Merci, grâce à toi, Allah m'a honoré de sa bonté !

— Ouais, si tu veux.

Après, les discussions qui s'en suivirent furent aussi longues que la file d'attente, mais celle-ci a fondu et il ne demeure plus qu'une voiture avant le contrôle. Mouloud et deux autres nous ont demandé de prendre des boîtes de lait en poudre pour faciliter leur passage en douane car ils étaient trop chargés. Bébel, lui, nous avait conseillé de proposer aux douaniers biscuits et cigarettes. Nous posons ainsi un paquet de blondes et de galettes sur le tableau de bord. Mâchonnant et fumant j'embraye direction l'homme aux pantalons à bande rouge. Jean-Louis s'étouffe presque entre la fumée et le petit-beurre.

— Papiers s'il vous plaît ! Eh ! Dans votre pays vous fumez et mangez quand vous vous présentez devant les forces de l'ordre.

Moi pas, en revanche des originaires d'ici qui s'exercent aux lanciers de pierres ou à l'incendie de voitures en tant qu'aimables plaisanteries devant les flics, oui. Ça, c'est ce que je pense. Me mordant la langue je prononce l'air benêt :

— Euh ! Non !

— Allez, descendez, nous allons fouiller le véhicule !

Je médite sur cet enfoiré de Bébel, quand le gabelou se met à hurler.

— Et ça, c'est quoi.

Le regard tendu sur les dix paquets de lait.

— Ben, du lait en poudre.

— Mais c'est interdit.

— Mais nous sommes et allons rester longtemps dans le désert, c'est notre ration de protéines.

— Le gouvernement de mon pays achète ce lait à la Suisse au prix fort pour le mettre à disposition du peuple au quart du coût, car c'est un produit de première nécessité, ce sont nos impôts qui payent la différence. Au Niger, il vaut dix fois le tarif algérien, vous alliez faire du trafic.

Eberlué, je lui réponds.

— Mais non, vous pouvez le garder si vous voulez.

A demi-convaincu, il nous confisque la totalité de la marchandise, puis nous laisse passer. Jean-Louis maugrée.

— Cet enfoiré de Mouloud, faire ce trafic minable sur le dos des gosses.

— Tiens, le voilà.

— Alors ça s'est bien passé.

Jean-Louis explose, lui énonce ses quatre vérités, explique les règles du hand-ball avec sa zone et lui ordonne de les appliquer pour nos personnes. Fin d'une association. Le couchant éclaire le poste nigérien d'Assamaka une trentaine de kilomètres plus au sud. L'espace qui nous sépare est une zone tampon, son appartenance n'est pas vraiment définie. Aucune loi ne s'y applique, sauf celle de vous faire dépouiller ou disparaître si votre véhicule sur une mauvaise inspiration décide de tomber en panne. Nous décidons de bivouaquer à proximité du poste algérien.

Violente tempête de sables aux abords des douanes nigériennes, rage du vent, tourbillons géants qui indisposent ne sachant ou commence la terre et fini le ciel. L'opacité dans la matrice mouvante, maelstrôm de grains minéraux. Parfois un voile sur une monture, fantôme du désert, apparaît, happé aussitôt dans le néant. Absence du temps. Le véhicule arrêté dos au vent, nous ne sommes pas sûrs de ne plus bouger, tout n'est que soulèvement, l'ancien océan reprend ses droits. Clef dans la serrure, sinon cette dernière serait aussitôt emplie, j'entends mes dents grincer de mille cristaux. Quelques bas nylons, merci douce Lydia, protègent notre filtre à air. Soudain par un sortilège, une fenêtre se dégage et apparaît l'azur comme une nouvelle naissance.

Un militaire nigérien, Kalachnikov aux creux du coude, m'ordonne de me parquer en me braquant, le regard haineux. Le ton est peu amène. S'ensuit une procédure folle, entre la gendarmerie, l'armée, la police et la douane. Chacun voulant son bakchich, fouillant tout et voulant tout. Diplomatie, palabres... palabres, diplomatie, la montre n'existe pas. La veille, ils ont fait asseoir quarante candidats « entrants » pendant toute l'après-midi sous un soleil de feu, mains sur la tête;

pour pisser, il fallait lever le doigt. Mais le nombre est notre garantie. Isolés, les choses peuvent mal tourner. Surtout si vous tentez de vous promener sur la droite du poste, les flics sortiraient immédiatement leurs flingues. Le sable abriterait-il des ossements non préhistoriques ?

Je troque une roue au courtier contre une assurance obligatoire qui ne sert à rien. Puis nous changeons nos dinars à un taux dérisoire, sortis de sa frontière la monnaie algérienne ne vaut plus rien. Débarrassés des tracas administratifs, le ventre plein, nous décidons de partir en autonome, deux cent quarante kilomètres nous séparent de la première ville.

La boussole indique la direction plein est. Jean-Louis au volant doit observer au loin, anticiper en écoutant les bruits de cardans, négocier avec les amortisseurs. Le passager, copilote de circonstance, doit se repérer, voir au près, indiquer les passages de sable mou et dur, pulvériser l'eau du vapo, tenir le levier de vitesse qui décroche toutes les cinq secondes, sauter en marche avant l'enlisement, pousser, courir en avant pour reconnaître l'itinéraire, ce sera tout.

Notre R20 peine, la traction avant est un handicap. À la limite de l'ensablement dans ce passage délicat une fillette surgie de nulle part, nous crie:

— Spaghettis, spaghettis !

Dans un réflexe, Jean-Louis lui jette un paquet de biscuits, nous ne pouvons nous arrêter. Un coup de feu retentit, deux montures apparaissent au sommet d'une dune. Mains sur leurs takoubas respectives, les Touaregs nous poursuivent, sûrement pas au nom de l'amitié entre les peuples. Le banc de sable arrive sur sa fin in extremis. Nous reprenons de la vitesse. Nos deux cavaliers deviennent invisibles à l'horizon. Mais n'ayant pu regonfler nos pneus, la sanction est immédiate, l'arrière droit éclate à 120 km/heure. Jean-Louis contrôle. Le changement s'effectue en un temps record. Malheureusement devant et autour de nous se déroulent des bancs de sable mou puis de fech-fech. Nous n'aurons pas assez de vitesse pour franchir. Mon collègue est désabusé. Peut-être aurions-nous dû faire trois fois le tour du marabout de Moulay Hassan, dans les gorges de l'Arak, garantissant ainsi la sérénité au voyageur. Les Touaregs, point imperceptible à l'horizon, ont tendance à grandir. Et je ne me résigne pas à la situation du poisson dans son bocal.

— Jean-Louis nous pouvons passer, il faut monter à 180 km/heure, notre sol dur mesure moins de cent mètres de long, au lieu de rentrer droit dans le fech, tu tournes en rond et repars pour un tour. Si tu ne le tentes pas, moi je le sens bien.

Mon compatriote prend le volant, lance la voiture, je l'encourage du poing. Les Touaregs approchent cinglant leurs bêtes. Dans une gerbe dorée fantastique, la voiture rentre dans le banc. C'est incroyable le pouvoir freinant du sable, il donne l'impression que le véhicule est équipé d'un parachute invisible à l'arrière. Je cavale à perdre haleine dans les traces légèrement tassées. L'auto en mourant vient mordre le sable dur, je rentre dans l'habitacle en marche. Les Touaregs arrivent, leurs dromadaires langue pendante se plantent dans le sable et décident une grève sans préavis. Ouf!!!

La légende des hommes masqués en prend un coup. De plus, ils vivent toujours dans la crainte de s'éloigner des pistes. Les vrais diables du désert sont les réguibas, capables, lâchés n'importe où, de s'orienter sans coup férir, ils fichent une trouille bleue aux soi-disant seigneurs du désert.

Nouveau bruit, gîte à l'intérieur, cette fois-ci, l'arrière droit éclate. La réparation et le gonflage harassant effectués, il ne nous reste plus de rechange. Le moteur n'a plus de puissance, d'ailleurs il pisse l'huile, les cardans claquent sans discontinuer. Ainsi, c'est à petite vitesse que nous progressons. Pour finir nous apercevons au loin dans le crépuscule Wagnérien, entouré de gazelles bondissantes, surgi tel un vaisseau fantôme dans une mer de sable... Arlit ! ! !

Une nuée de gosses nous entourent. Toi mon ami je te garde la voiture dix francs. Mon ami, je t'aide à tenir l'entonnoir d'essence... dix francs. Mon ami je te montre un restaurant... dix francs. Stop! Dans un hôtel minable, je m'assure que la première catégorie de chambre possède l'eau chaude. Je monte contrôler. Vérification faite, nous débarquons nos bagages. Direction la douche, à peine le rinçage entamé, l'eau s'arrête. Au bout de quelques minutes, je m'essuie tant bien que mal et descends m'informer.

— U y a un problème général dans le quartier, mais il y a de l'eau au rez-de-chaussée.

— Si c'est général au quartier, comment se fait-il que cela fonctionne au rez-de-chaussée.

— Je ne sais pas, c'est comme ça.

Dépité, je finis ma douche dans un lieu insalubre. Le soir venu nous nous garons à l'approche d'un restaurant. Jean- Louis s'avance, je reste un moment seul dans le véhicule entouré d'une foule de personnes tapant à la vitre. Une immense fatigue m'envahit, comme jamais je n'ai ressenti de ma vie. C'est le contre coup des longues courses dans le sable d'aujourd'hui. Péniblement, je m'extirpe de ma coquille et m'affale dans le restaurant. Je touche à peine un morceau de bœuf par ailleurs succulent.

Après une mauvaise nuit au sommeil agité, nous prenons un petit déjeuner dans la rue. Derrière l'hôtel mon ami s'active autour de l'automobile. Pendant ce temps je règle la note.

— Holà! Hôtelier, je te paie le tarif deuxième catégorie, il n'v avait pas d'eau chaude dans ma chambre.

— Oui, mais quand tu es arrivé, il y avait de l'eau chaude.

— Je n'ai pas pu l'utiliser

— Oui, mais quand tu es arrivé, il y avait de l'eau chaude.

— Tu ne peux contester, que je suis descendu te...

— Oui, mais quand tu es arrivé, il y avait de l'eau chaude.

Dialogue de sourds, avec un interlocuteur de mauvaise foi qui roule des yeux énormes de bœuf. Très massifs, ses trois copains menaçants ferment la porte. Mon collègue présent nous aurions pu équilibrer les forces. La rage au cœur, je suis obligé de payer sous les sourires railleurs.

Nous filons sur la route fraîchement conçue par la France en échange de l'exploitation de la mine d'uranium
pour une poignée de figues. Marché de dupe qui nourrit la rancœur de la population vis-à-vis de notre pays. Sans droit social, de pauvres hères se tuent au travail pour sept cents francs par mois afin que nous puissions nous éclairer. Mais j'aurai toujours une pensée pour ce vieux mineur croisé au bord du chemin, le visage marqué par une vie de labeur, digne et serein devant la fatuité des riches. Nous lui avons donné tout ce qu'il pouvait porter.

Un ressentiment bizarre perce notre avancée. Habitués à rouler sur une piste de quatre kilomètres de large, l'étroitesse de la route nous semble saugrenue. Cette bande de goudron étriquée, inhabituelle, est bientôt barrée d'une poutre.

Un militaire se présente.

— Papiers !

Son chef, gros lard huileux et hideux se traîne jusqu'à nous et pointe du doigt, différents objets qu'il veut acquérir, dont l'appareil photo. Le fourbe !

— Vous avez grillé le feu.

— Quel feu ?

— Je vous dis que vous avez grillé le feu.

— Bon, tu sais qu'il n'y a pas de feu, combien tu veux, ça ira plus vite.

En échange de quelques billets, nous poursuivons. Bientôt arrêtés et ce à maintes reprises par la police, les douanes, l'armée, la gendarmerie. Nous présentons toujours nos papiers à l'envers, celui qui ne les retourne pas est analphabète, donc un faux policier à qui il a loué l'uniforme, histoire de se procurer un peu d'argent en rançonnant les véhicules.

Voilà Agadez, la fière capitale du désert, célèbre pour le minaret de sa mosquée, aux portes du Ténéré. Aux abords, c'est encore l'Afrique de Kessel, les enfants nus courent autour de huttes en paille dorée, les femmes pilent le mil, les hommes reviennent de la chasse, autant d'images intemporelles. Par ailleurs, nous avons choisi de dormir sur la terrasse de l'hôtel. Nuit brève, le muezzin et son haut-parleur nous déchirent les tympans en plein sommeil à quatre heures du matin.

Toute la journée les tractations se poursuivent pour vendre notre voiture. Sachant que le prix annoncé à la première ville du Niger ne pourra plus être dépassé dans tout le pays, des dizaines de rabatteurs essaient de le faire baisser et se transmettent les informations, c'est le web africain avant l'heure.

Les heureux détenteurs de « pigeot » sont plus chanceux, la demande est forte. En revanche, condition sine qua non, la voiture doit posséder cinq vitesses, quitte à rajouter un faux pommeau, et des poignées plates. Nous cédons pour huit mille francs notre relique. L'acquéreur, un potentat local, m'enjoint de l'accompagner avec ses deux sbires pour la transaction.

Installé à l'arrière, il salue tout le monde, affectant un air de sénateur. Diantre ! Se promener dans la ville, conduit par un chauffeur blanc. La plaisanterie commence à durer, je lui précise prestement que si je ne suis pas chez lui dans deux minutes, je l'emmène à cinq kilomètres de la ville. Il rentrera à pied pour avoir le temps de dire bonjour aux passants. S'ensuit une longue tirade sur son pouvoir municipal.

J'abrège, et me retrouve dans une pièce recouverte de tapis. Vérifiant les liasses, car le bougre a plié des billets en deux à l'intérieur. Je l'entends me réclamer un papier imaginaire pour faire baisser le prix et me menacer d'aller à la police. Ça tombe bien, je dois faire viser mon passeport. En effet, le voyageur véhiculé a pour obligation de rester vingt-quatre heures dans la ville traversée et de s'acquitter d'une taxe.

L'intérieur du poste laisse entrevoir, au bout d'un corridor, des cellules de prisonniers. La saleté repoussante dégage une odeur nauséabonde. Malgré l'ambiance guère amène et peu cordiale, le policier envoie paître le cabotin. Je peux signer le contrat à ce dernier en échange des derniers mille francs. Me voilà piéton en quête d'un bureau de poste pour envoyer un télégramme. Un quidam me dirige dans la direction opposée, par pur plaisir de duperie. Enfin dans la file d'attente, mon calvaire ne se termine pas, car tout le monde ou presque essaie de me doubler et la guichetière ne veut pas me servir parce que je suis blanc. Je fais donc appel à l'inspectrice et miracle le télégramme, a contrario de celui de Tarn, arrivera.

Nous bradons nos derniers outils, de toute façon la population sait que nous ne pouvons les emporter. La nuit tombe pendant que Jean-Louis patiente pour obtenir les billets du car qui nous emmènera mille kilomètres plus loin, sur Niamey. Cerné d'une foule compacte qui quémande, me palpe, me presse, mains dans les poches, je trouve le temps long.

— Toi me donner argent, toi avoir beaucoup d'argent, toi avoir vendu la voiture.

Ils sont deux cents, je pense à ces enfoirés du show-biz choyés et dorlotés qui flippent pourtant, entourés de gardes du corps. Ici comme seule défense, je n'ai que mon sourire, voire la tête grimaçante du simplet moyen.

Après un temps qui me paraît une éternité, Jean- Louis surgit la main tendue bien haut avec les deux billets salvateurs. L'intérieur du bus nous protège de la marée humaine qui voit s'échapper la tirelire. Joie de courte durée, il ne reste plus qu'une place assise à côté d'une lépreuse dont le sang des règles dégouline le long des jambes, le tout dans une émanation pestilentielle. Par la senteur, repoussés, nous, nous asseyons dos à dos dans le couloir central. Au hl de la route, le roulis aidant, fatigué, je m'allonge dans l'allée au milieu des épluchures et autres papiers gras qui pleuvent des sièges.

Un peu avant la mi-parcours, le car s'arrête à Tahoua. Du fond de la nuit apparaissent des dizaines de marchands ambulants. Jean-Louis se risque à grignoter un morceau de viande séchée, qui a dû connaître le temps de la colonisation. Il en gardera un souvenir gastrique pour plusieurs semaines.

En remontant, un passager d'une gentillesse absolue me propose sa place. Je refuse. Il insiste m'expliquant qu'il va s'installer à la place du fond, l'odeur de la lépreuse ne l'incommodant pas. Vaincu, je finis par acquiescer. J'entame un long dialogue avec mon voisin, jeune étudiant plein de savoir jusqu'aux lueurs de l'aube. La gare routière de Niamey nous attend dans une cohue indescriptible. Une femme sans façon s'accroupit pour uriner au milieu de la foule. Nous courons dans une agence pour réserver un vol de retour. Puis, les yeux cernés jusqu'aux chaussettes, nous posons nos sacs dans un hôtel. Je me lave trois fois dont la première au tampon vert, je trouve les bulles de savon géniales.

Aéroport de Marseille Provence, je serre la main de Jean-Louis. Voilà, nous l'avons fait. Sans hélico, sans camion d'assistance, sans douche le soir au bivouac, avec un simple véhicule de tourisme. D'autres avant nous, bien sûr l'ont effectué ce parcours et le recommenceront. Mais je tire mon chapeau aux motards, eux sont réellement les nouveaux aventuriers des sables. Tellement la pénibilité des pistes se trouve multipliée.

Il est dix-neuf heures en cette fin novembre, mon père surpris de me voir débarquer, me propose de l'accompagner au siège du club de Rugby. Un célèbre entraîneur à l'immuable bandeau rouge tient une conférence. Encore vêtu du blouson et du chèche de voyage en écharpe, j'assiste à l'allocution, où l'humain, le fraternel, l'abnégation est mise en exergue. Au terme du colloque le médiatique interlocuteur m'adresse un regard interrogatif. J'apprendrai plus tard qu'en plus d'être perspicace, Dany est un fou de voyage.

LA NAHANNI.

Durant l'été 1991, j'ai traîné mes guêtres, au propre comme au figuré sur les glaciers de l'Oisans et le massif des Ecrins. Les groupes d'adolescents ne sont pas trop motivés par les activités montagne pourtant le choix est large: VTT, canyon, eaux vives, course d'altitude, etc. La génération du sous vide et du micro-ondes est en marche.

Je poursuis ma quête préparatrice pour un raid me tenant aux tripes. Dans l'ouest canadien, à mille kilomètres du cercle arctique, coule une rivière mythique, la Nahanni. Selon mes connaissances, seul un ou deux Français l'auraient descendue en canoë. L'aventure me tente.

Juin 1992! La liste du matériel pensée est repensée. Je m'envole de Lyon pour Toronto (un bon voyage commence toujours en évitant Paris) avec un vocabulaire d'anglais de combat. Au transit, je vérifie le suivi des bagages. Bien entendu, je me mets en retard pour l'embarquement. Ma porte est située au bout de l'immense aéroport à l'image du pays. Celui-ci est coupé d'interminables files d'attente. Je m'élance à vitesse grand V, enjambant valise et ballots à la façon d'un coureur de quatre cents mètres haie. Suant et haletant, je me présente devant l'hôtesse.

— Wait !

Comprenant, ouais ! Je passe. Quand un vigile noir au physique de Jonah Lomu, le célèbre ailier néozélandais, me happe par le col. Décollant du sol, je pédale dans le vide, exécutant une scène de dessin animé.

— Sorry! Sorry!

Il me lâche au contact du plancher, formalités faites, je peux enfin avancer.

« Kiss landing » (atterrissage en douceur) sur Edmonton. Première anicroche, mes bagages sont perdus, tentatives d'explications au guichet concerné, auquel je délivre l'adresse de mon hébergement afin de poursuivre l'acheminement interrompu ! Puis j'appose le plan de mon hôtel sous le nez du chauffeur de bus. Vingt-deux heures, il fait grand jour. Des filles superbes entretiennent leur forme à grandes foulées sur un parcours santé. Image impossible à de tels horaires chez nous.

Durant les quarante-huit heures d'escale à Edmonton, le patron de l'hôtel me procure une revue sur la Nahanni, les photos truquées sont accompagnées de créatures de rêves.

— Pour compagnon, j'aurai plutôt un bûcheron à chemise carrelée.

— C'est sûr!

Bagages récupérés, je décolle pour Yellowknife, ville inuit, préfabriquée, orientée vers la prospection pétrolifère. Un deuxième vol me projette sur Fort Simpson. Le lieu colle plus au cliché que l'on s'imagine du Canada.

A l'arrivée, quelques personnes attendent les voyageurs, parmi eux une beauté de femme, véritable concept de grâce, cheveux châtain clair, yeux verts en amandes, le visage sain et souriant. Je pense en moi-même, dommage que ce ne soit pas mon accueil.

— Hello! Bonjour!

Elle doit sûrement s'adresser à quelqu'un derrière moi ? Puis elle m'attrape par le bras.

— Hé ! Vous êtes Éric ?

— Oui, ça doit être lui !

— Vous venez pour la rivière, faire du « canou » (elle a prononcé le mot canoë à l'anglaise).

— Absolument.

— Enchanté, je suis Ginger.

Ce doit être une « public-relation », je ne la vois pas trop faire l'expédition durant quinze jours. Pour ne pas rompre le charme, je n'ose lui poser la question. Est-ce que tu vas faire partie du voyage? Parvenu à la base nautique, nous chargeons immédiatement sacs, canoës, pagaies, bidons étanches et divers matériels dans un hydravion. Présentation du groupe Randy, Hurb l'Indien de la région, Paul et Georges, aspirants guides, tous anglophones, la communication va être folklorique.

Notre zinc amphibie s'arrache péniblement de la rivière Mac Kenzie. Nous sommes à six mille cinq cents kilomètres de Montréal, elle-même située à six mille kilomètres de Marseille, paradoxalement plus proche, c'est dire l'immensité du territoire. Le bimoteur joue à saute- mouton avec le relief accidenté traversé d'orages. La nausée devient notre compagne, parfois la pluie arrive à couvrir les bruits du moteur, pendant que j'essaie de tenir tant bien que mal un canoë qui me glisse dessus. C'est avec délivrance que nous sommes déposés au bord d'un lac sauvage à quatre cents kilomètres de la première habitation. Le camp s'organise. Je pense toujours que Ginger va repartir avec l'hydravion. Mais non, c'est même elle la responsable du groupe en qualité de guide formatrice.

Elle s'attelle aux préparatifs culinaires, aidée par l'ensemble de notre groupe, bientôt la soupe mitonne.

— Hé ! Éric tu viens ?

Ironiques, Paul et Georges s'aspergent sur le rivage.

Autant tordre le coup tout de suite à la réputation du français trou du cul. Sans préliminaire, je jette mes affaires et m'élance sur le ponton pour un plongeon dans l'eau glacée. Première manche un à zéro.

Ginger s'avance :

— Éric, viens, je te donne une tente.

— Merci, je n'en ai pas besoin, j'ai l'habitude de dormir à la belle étoile.

— Et s'il pleut?

— J'ai mon sursac en Gore-tex.

La troupe me regarde, yeux écarquillés. Je marque un deuxième point. Surtout qu'il a plu toute la nuit.

L'eau de la Nahanni est montée. Ginger observe préoccupée la puissance formidable du courant. La variation peut atteindre quarante pour cent en une journée en cette période de gros débit. Nous décidons d'effectuer le portage de nos affaires en attendant, manœuvres lénifiantes qui nous occupent une paire d'heures. L'action terminée, l'ordre du départ est donné. La vitesse de déplacement est absolument fantastique, afin d'établir un comparatif cette rivière possède le volume du Rhône mais enchâssé dans les gorges de l'Ardèche avec une pente plus accentuée. Il pleut en alternance, et c'est pataugeant que nous débarquons sur un îlot vers treize heures. Grâce aux lichens et résine de pins, Hurb, en bon Indien parvient à nous allumer un feu sous la pluie.

Les deux jours qui suivent sont sans difficultés notoires, si ce ne sont les « swippers » et « long james ». Respectivement arbres retenus encore par leurs racines têtes dans l'eau, et enchevêtrement de troncs dans les coudes de la rivière. Le soir au campement nous brûlons consciencieusement un sac plastique pour éloigner les ours. Ce mammifère possède une très mauvaise vue, en revanche son odorat se trouve particulièrement développé. Son obsession première lorsqu'il ne dort pas, étant la nourriture. Qui plus est, en dessert nous avons mangé des galettes avec du miel et je n'ai pas envie d'être pris pour un bonbon des Vosges ! Ginger nous a briefés sur le comportement en cas de rencontre inopportune. Si c'est un grizzli (poil roux), monter dans l'arbre, si c'est un ours brun (poil noir, tâche sur le front) ne pas grimper mais faire le mort ou reculer à petit pas en baissant la tête, en marmonnant des phrases du style: *Hello hear, how are you.* Bon, je veux bien, mais je fais plus confiance aux deux bouteilles de gaz incapacitant de la taille d'un petit extincteur qui l'accompagnent.

Nous accostons sur un ponton de fortune. La logistique déchargée, le bivouac en ordre, nous longeons la rive à pieds, songeurs, observant le débit fantastique semé de vagues gigantesques qui fument et tempêtent. Le bruit couvre maintenant nos voix, puis un brouillard de mille particules d'eau nous trempe. La nature dans toute sa furie, indomptable et sauvage laisse sans réaction, humbles sous le choc nous sommes. Les voilà ces fameuses chutes Victoria, cent mètres de haut, deux fois le Niagara, encaissées au fond d'un canyon paré d'arc-en-ciel. Une immense dalle rocheuse inclinée borde l'ire du flux, en ces moments le décompte du temps n'intervient plus. Mes pensées s'envolent vers l'histoire de cette région, contée par Hurb.

Au début du xvm[e] siècle, elle était parcourue par des tribus de langue athapascane, qui chassaient en ces lieux. Les « créés », ethnie plus dominatrice, repoussent ces tribus indiennes vers l'ouest. Dans la langue des Indiens athapascans, « Nahanni » désignait les peuplades vivant dans les régions peu visitées. Littéralement, ce mot signifie, « peuple qui habite là-bas au loin ».

Cependant, le métal jaune fut bientôt le centre des activités de la région et donna naissance à bon nombre de légendes. La contrée prospectée entre 1900 et 1940, donna la mort de façon mystérieuse à plusieurs chercheurs d'or, dont les deux frères Mac Leod retrouvés sans leur crâne. Les récits de meurtres et de décapitations circulèrent bientôt et le bassin de la Nahanni-sud se trouva vite nommé : vallée Headless « hommes sans têtes ».

Alors que les prospecteurs venaient à bout de difficultés incroyables dans l'espoir de trouver des pépites d'or, personne ne s'enrichit jamais et bien peu purent payer leur frais d'exploitation, à part les marchands de pelles et de pioches comme d'habitude.

Hurb conclut philosophe, la vraie richesse de cette région c'est sa beauté... C'est l'ours qui pêche le saumon! Le caribou posé sous les branches de la forêt primaire ! Le loup qui hurle sauvage et libre ! Notre compagnon détient la raison; depuis la zone classée patrimoine mondial de l'humanité, aucun incident n'est venu se rajouter à la liste des anciens prospecteurs.

Je me déplace avec un seau. Ginger ne veut pas de savon dans la rivière, donc le rinçage s'effectue sur la berge, ainsi la terre peut filtrer la soude. D'ailleurs, elle m'interpelle : — Éric, tu ne peux pas aller te laver au petit ruisseau, il y a un ours dedans.

Cocasse! Ici on ne décide pas de son emploi du temps hygiénique.

— Et puis, peux-tu venir m'aider poser la nourriture en haut de la table.

Demandé avec le sourire. En fait de table, il s'agit de quatre pylônes hauts de cinq mètres dont la base est recouverte de zinc, l'ensemble coiffé d'un plateau. L'accès s'effectue par une échelle. Ultime refuge en cas d'attaque d'un plantigrade.

Le danger écarté, Ginger nous confectionne des pizzas, le canoë retourné fait office de support et le manche de pagaie de rouleau à pâtisserie. Elle déplie un four portable, le tout posé sur un feu crépitant, dégage bientôt une odeur magique.

Il faut dire que je ne suis jamais bien loin du coin cuisine. Pour ma part, l'aventure consisterait presque à m'adapter à la nourriture nord-américaine. Je leur explique quelques détails comme celui de ne pas ajouter du sucre dans la soupe ou de mélanger fromage et confiture avec des huîtres, que les morceaux d'ananas avec les chichekébabs et le café noyé dans trois litres d'eau ne sont pas ce qui se fait de mieux pour les papilles. Us écoutent. Le Français détient cette réputation d'être doué pour le culinaire, à dire vrai en compagnie d'Anglo-Saxons, il n'est nul besoin de forcer son talent.

La nuit est courte, l'obscurité dure seulement trois heures, aussi le soir je peux observer à loisir le manège des écureuils peu farouches et très nombreux, intrigués, puis très vite rassurés, car ma présence éloigne les rapaces. A défaut de moutons je m'endors en les comptant.

Aujourd'hui nous sommes en excursion. Georges, botaniste, veut faire des prélèvements de quelques espèces rares. Après quatre heures de marche, Ginger narquoise, me tend carte et boussole.

— Puisque tu es capable de traverser le Sahara et de t'orienter en montagne, ramène-nous au camp.

— Pourquoi pas !

Je m'élance donc dans le fatras de mousse spongieuse et de troncs morts, la progression est pénible. Au fil des minutes absorbé par ma carte, j'avance bon train puis sans m'en apercevoir, je me coupe du groupe. Je décide aussitôt de m'arrêter, je n'aimerais pas rencontrer une peluche vivante. Je n'ai pas fini ma réflexion que j'aperçois devant moi une tête énorme d'ours brun ! Stupeur ! Une mère en position de charge flanquée de deux oursons ! Les mots de Ginger me reviennent limpides dans cette situation d'urgence. Je baisse la tête, recule pas à pas en formulant, tel un nigaud les quatre phrases d'anglais que je possède. Bien sûr ce n'est pas la langue de Shakespeare qui la calme, elle ne sait même pas le nom du pays dans lequel elle vit, mais censément le ton.

En marche arrière, je me heurte à Paul.

— U y a un ours plus haut !

Branle-bas, Ginger sort ses deux bombes. Randy veut faire des photos. Devant son inconscience, je lui serre la main en ajoutant :

— Au revoir c'était un plaisir et attends que nous soyons partis assez loin.

Jugeant son acte farfelu, notre compagnon finit par ranger son appareil et revient dans le groupe. Je presse le pas, Ginger et Paul ferment la colonne, bombes neutralisantes en mains. Personne n'émet le moindre son, à vive allure et malgré une entorse légère, nous touchons la Nahanni sains et saufs.

Cette nuit et les suivantes je les passerai sous la tente, l'odeur du synthétique offrant une certaine protection contre le bourru plantigrade.

La matinée se passe en portage long et fastidieux pour contourner les chutes. En début d'après-midi, Ginger exécute son exposé des dangers à venir, insistant sur le rocher sombre et triangulaire au milieu du cours d'eau.

— Il faut absolument passer à droite, le courant est moins fort. Un pilote d'hydravion nous survolera pendant le passage pour s'assurer qu'il n'y a pas de casse.

Ah ! L'efficacité saxonne. Pour détendre l'atmosphère, je la mime, tel un général anglais et son stick. Amusé tout le monde se prête au jeu. Pendant ce temps le pilote de l'avion frime et s'élance à ras des flots, droit sur l'aval des chutes, à l'ultime seconde il tire sur le manche, cabre son appareil, museau à la verticale et s'élève le ventre parallèle aux chutes menaçantes de rage. Il a bien calculé son coup, aspiré par le déplacement d'air, il gicle tel un bouchon de champagne au sommet de la cascade, poursuit en tonneau pour se rétablir en vrille au-dessus de nos têtes. Ginger n'a pu retenir un « Oh » admiratif! Yeux levés je pense à la banale roue arrière du cave de banlieue chez nous. Ici, l'épate est à la dimension du pays... gigantesque!

Maintenant c'est le départ. Nous avons revêtu nos combinaisons néoprènes et bâché les embarcations. J'ai rajouté quelques grosses pierres comme lest au fond de la nôtre. Nous sommes en position intermédiaire, arrivés au premier coude, le quatrième canyon découvre sa beauté indomptée. Tout ce que l'imagination peut sublimer sur le Canada et le nord-ouest américain est ici. La couleur chaude des rochers s'oppose au sublime vert des résineux, eux-mêmes jouant avec le cobalt aquatique. Sur ma gauche, trois loups intrigués, chacun patte avant droite suspendue, nous observent. Deux aigles en tournoyant changent de rive. Pourtant, peu de répit nous est laissé pour observer. Impossible de photographier, tant le canoë est secoué. Les vagues accrues par le volume du fleuve à son plus haut nous stressent. Le fameux rocher noir surgit à l'horizon. Un cri nous détourne, Hurb et Georges se sont *baqués* (chavirés). Une fraction de seconde j'aperçois mon ami indien ballotté par les flots, un voile mortuaire sur son visage. Nous avons beau pagayer pour passer à droite, inexorablement le courant nous attire sur le rocher. Si nous insistons, je pressens le retournement inévitable. Un bref regard avec Randv.

— *On tlie left ?*

Comme dans un écho, celui-ci me répond :

— *Yes, on the left.*

Brutalement, tout bascule, nous entrons dans le domaine du gigantisme, la vague face à moi ressemble à un rempart. Autour, l'eau n'est qu'une écume hystérique. Le canot est soulevé si haut qu'à l'avant je ne peux apercevoir la rivière devant moi. Un bref instant, je pense notre fin assurée. Survient un bruit effroyable suivi de craquements sinistres faisant croire à la dislocation de l'esquif. Nous sommes retombés à plat dans le creux. Quand la deuxième vague nous attrape pour le même scénario ! Les pierres ont joué à plein leur rôle de ballast. La suite, quoique délicate, nous paraît plus aisée à négocier. Ginger, stupéfiante, a pu lancer une corde à Hurb et attrapé son canot auquel se cramponne Georges. Ils ont dû trouver le temps très long durant ce demi-kilomètre. Profitant d'un contre (le courant frappe sur un rocher en revenant sur lui-même) nous débarquons. Hurb, le visage gris, s'approche du feu que Paul vient d'allumer à la hâte.

Dans un grondement, l'avion effectue un passage, Ginger lui fait signe que tout est OK. Il s'éloigne en battant des ailes. Nos naufragés récupèrent vite, pour ma part je suis euphorique à l'idée de continuer. Je presse Ginger en ce sens, pour ne pas laisser la gamberge s'installer.

Allez, c'est l'aventure !

Ainsi notre groupe, pagaies en mains, se propulse à nouveau dans le lit de la rivière. Petit à petit, les flots deviennent paresseux, face au ruisseau Marengo, nous touchons terre. Une course-poursuite s'engage pour l'inventaire du matériel et le séchage de nombreuses affaires. La crainte la plus absolue est toujours celle du duvet mouillé, synonyme de nuit angineuse et froide. Aussi chaque recherche est ponctuée d'un Dry (sec) retentissant, lancé par une bouche enthousiaste.

Le lendemain, notre marche se trouve perturbée par quelques petites difficultés. Assez vite, nous sommes obligés de stopper pour reconnaître le parcours composé des fameux rapides « figures 8 ».

Ce sont les plus connus du parc, la rivière suit une courbe douce vers la droite et vient se jeter contre une falaise rocheuse formant de hautes vagues irrégulières à plus de deux mètres cinquante. Le canal tourne ensuite en demi-carré vers la droite et la rivière pénètre dans une courte gorge. Cependant le courant rebondit pour continuer sa courbe à travers le canal et se précipiter contre la paroi opposée. De chaque côté du courant se forment deux immenses tourbillons prêts à avaler l'infortuné kayakiste.

L'assemblée se consulte et reste divisée, certains veulent éviter la rivière et se coltiner le portage pendant vingt- quatre heures, d'autres auxquels j'adhère, veulent oser le coup.

C'est décidé nous risquons la rivière, positionnés sur la falaise droite munie de cordes, le signal est donné au canot de Ginger. Pétale de rose tourmenté par les flots, elle s'approche à vive allure face à la paroi où nous sommes.

Crescendo sa vitesse augmente, au même moment j'ai la gorge serrée, et si j'avais trop pesé sur cette décision ! Paul à l'avant du canot obéit aux ordres que nous ne pouvons comprendre. Auront-ils la force de s'extraire à la pression qui les mène droit sur la falaise. Seulement, Ginger est un phénomène. D'une parabole gracieuse, elle change sa pagaie de côté et en des gestes qui n'appartiennent qu'à elle, négocie au plus près du courant. L'ensemble jamais ne franchit la limite qui ferait se fracasser l'embarcation sur sa droite ou l'engloutir sur sa gauche. Paul s'interdit de regarder le tourbillon et s'arrache comme un damné, maintenant qu'il est sur la ligne droite. Au bout de leur course, Hurb attend corde de vie en main. Concentré, d'un geste sûr, il lance son nylon saisi par Paul. Malheureusement son geste déséquilibre le canoë qui embarque de l'eau. Tout défile très vite l'esquif se retourne, Paul et Ginger tel des diables sortis de leurs boîtes se positionnent dessus à califourchon et rament à contre-courant à la limite de leurs forces. Hurb rembobine avec fébrilité sa corde. Deuxième projection happée par Paul qui cramponne ses jambes du mieux qu'il peut. George en relais visuel sur la falaise nous a rejoints. A quatre nous halons de toutes nos forces l'ensemble qui gorgé d'eau doit peser une tonne.

A peine le pied posé, Ginger très professionnelle, à mots justes nous indique avec Randy les derniers pièges.

— Si tou é attiré dans la tourbillon. Tou dois pagayer forrt comme dix aours !

— Compris, mais on va essayer de ne pas y aller.

Nous rebroussons chemin sur les sept cents mètres du parcours accidenté, sans une parole.

Les attaches du gilet de sauvetage bouclées, je m'introduis dans le canoë bâché. Le départ en amont nous permet d'observer le premier tourbillon sur notre droite. Mais déjà la falaise se rapproche face à nous, l'embarcation paraît aimantée, il faut virer. A l'instant, j'ai la désagréable impression d'avoir la piètre maniabilité d'un tanker. Tant pis, n'entendant aucune indication de l'arrière, je tente un appel à gauche, je pioche plusieurs fois avec vigueur, tirant la proue qui petit à petit sort de son inertie. Les vagues nous masquent l'immense tourbillon gauche.

— *For Ward, straight!* (Devant, droit!)

— *Forward, forward together!* (Devant, devant ensemble !)

Donner de la propulsion pour dominer le courant. Soudain, nous sentons une poussée qui double notre vitesse? Une partie du flux centrifugé dans le tourbillon surgit au milieu de la rivière, comprimé dans l'étroite gorge. C'est pratiquement en surf que nous apercevons nos copains sur la rive. Randy manœuvre pour approcher le bord, Hurb mouline avec la corde de vie lestée d'une poche. Surtout ne pas la louper, sinon on s'embarque pour un autre chaos non reconnu. Dans le ciel, l'amas qui retombe en ma direction me fait penser au ballon de Rugby. J'imagine ce que dirait l'éminent entraîneur au bandeau. « Oh ! Minot, tu mènes score à une minute de la fin, cette *gonfle* (balle) tu ne peux pas la louper ! »

Aganter (attraper) d'une main !

Opération réussie, le deuxième esquif est sur terre. Pour le dernier, Georges blessé la veille, ne peut tenir son rôle. Aussitôt je me propose de le remplacer, Ginger sympa me fait ce cadeau en prenant un risque. Je convoierai donc avec Hurb. Même départ, même chahut dans l'angle de la rivière, d'où je vois la falaise d'encore plus prés, la suite paraît un poil plus aisée, même corde. Lorsque nous accostons c'est une explosion de joie. L'exubérance nord- américaine prend ici tout son sens. Jets de casquettes, accolades. J'ai même droit à un :

— Les Français sont formidables !

C'est dire ! La veille lors d'une discussion avec Paul, ce dernier reprochait à la France de Vichy son engagement nazi. Les Canadiens n'oublient pas. Ne t'en fais pas Paul, mes grands-parents dès la première heure dépouillés, les lettres de dénonciation qui partaient pour la Kommandantur, mes oncles évadés d'Allemagne à de multiples reprises, ont rejoint les maquis d'Auvergne, mais je ne vais pas réécrire ce que j'ai cité plus haut.

TROISIÈME ET DEUXIÈME CANYONS

Les canyons se comptent dans le sens inverse, en fait le premier rencontré est le quatrième. Donc le troisième est une profonde tranchée creusée à travers les montagnes du chaînon Funéral. Le soir venu, nous déposons nos kayaks au lieu-dit La Porte. À cet endroit, la rivière crée une brusque courbe en épingle à cheveux et s'élance dans une étroite gorge, flanquée d'une paroi verticale haute de cinq cents mètres. Le lendemain, nous glissons envoûtés au pied d'une muraille de grés encore plus haute.

Un jour plus tard, nous croisons le ruisseau « headless », comme je l'ai écrit, la mort à cet endroit a donné naissance à l'une des légendes les plus connues de la Nahanni. Willie et Franck Mac Leod commencèrent à prospecter la rivière Fiat en 1905. Trois ans plus tard, on découvrit leurs cadavres à l'embouchure de ce ruisseau.

PREMIER CANYON

La veille, une pizza à l'ananas ne m'a toujours pas réconcilié avec la cuisine canadienne. Et c'est moulu par une nuit passée sur les galets que je m'incruste dans le canoë. Peu de temps après, nous stoppons sur une île pour reconnaître les rapides « Georges Rifles ». Le passage est obligatoire, car à l'entrée du premier canyon profond de mille cent mètres, il n'y a pas de sentier de portage. De grandes vagues irrégulières se forment à l'endroit où un banc de roches basses s'étend jusqu'au canal naturel. Avec joie nous chevauchons les crêtes liquides pour entrer dans le premier canyon sous le regard des loups. L'orage passé, la rivière s'apaise. Le soir, nous nous posons dans un méandre abandonné.

Comme d'habitude, il fait jour depuis trois heures et aujourd'hui nous devons franchir les Lafferty's Riffle. Contrairement aux précédentes épreuves, je me sens décontracté et puis nous sommes le seul équipage à ne pas avoir chaviré. Nous tenons à notre réputation. La difficulté moyenne franchie, Randy se tourne vers moi en approchant de la berge. Il esquisse le geste des deux doigts dans le nez. Expression inconnue des Canadiens qui déclenche l'hilarité chaque fois que je la prononce. Malheureusement mon équipier a pivoté dans le mauvais sens, celui du courant, avant de comprendre quoi que ce soit, nous barbotons dans l'eau glaciale sous les rires de nos compagnons. Ginger en rajoute une tranche d'une manière très British.

— Ce n'est pas grave, tou sé, ici ça est très difficile comme arrivée.

Cause toujours, c'est un lac !

Pour midi, les sources d'eaux chaudes Kraus nous accueillent. Ici vivaient un vieux trappeur' et sa femme, Gus et Mary Kraus. Quand celui-ci s'abreuvait trop en ville quatre-vingts kilomètres plus bas, Mary l'attendait fusil chargé, puis les balles sifflaient autour de Gus, garantissant sa reprise d'esprit. Version plus musclée du rouleau à pâtisserie. Ce couple original a introduit en les cultivant dans leur jardin, la plupart des plantes exotiques du lieu.

Les sources principales se trouvent à environ trois cents mètres au sud de la rivière. Composées de deux bassins où l'eau de trente-cinq degrés jaillit à travers une boue fine. L'odeur d'œuf pourrit saisi l'odorat, en effet cette eau contient une forte concentration de sulfure d'hydrogène.

Le nez s'habituant aux effluves nauséabonds, nous faisons trempette. Hurb m'indique qu'il s'agit d'un très grand bénéfice pour les os, le souffre étant un puissant résorbant de fracture. L'ennui c'est que les particules pénètrent au fin fond du corps et il faudra un mois pour me débarrasser de l'odeur survenant après sudation. Le deuxième handicap, nous, nous en apercevons très vite en pagayant au soleil est la photosensibilisation.

En sus ce soir, notre peau va être exacerbée par l'apparition de moustiques en milliers de nuées. Hurb nous enfume avec des herbes spéciales pour éloigner les piqueurs. Aussitôt éloignés du feu c'est la curée, l'épaisseur du chandail ne suffit pas, les parties apparentes tels les mains sont recouvertes et pissent le sang en quelques secondes. Les piqûres sont terriblement douloureuses, s'apparentant à celles des abeilles. Le coucher se présente lui comme un grand moment. Après s'être projetés à l'intérieur de la tente, la bataille commence, pendant cinq minutes l'abri épouse toutes les formes géométriques dues aux grands coups de savates sur les parois. Les jours suivants, nous urinerons des embarcations, les moustiques ne venant pas sur l'eau. En revanche, Ginger est obligée de débarquer. Au son de ses plaintes nous pouvons localiser son lieu d'aisance. Le cul comme les babouins, la retraite est peu glorieuse.

Notre bivouac suivant approche, mais des bisons se sont invités. Pendant plusieurs heures à l'abri sur l'eau, nous faisons un raffut du diable à l'aide de sifflets et casseroles. Ces animaux ont horreur du bruit. Enfin ils s'éloignent, les moustiques eux attendent. La jonction jusqu'à Nahanni- Butte est longue comme un jour sans pain, dans les méandres sans courant de la rivière.

Pourtant les premières constructions apparaissent. Surprise, les habitants vêtus de masques pour se protéger des insectes suceurs de sang ressemblent à des apiculteurs.

— Hello John !

— Hello!

Canadien bon teint, John vêtu d'une chemise à carreaux, filet sur la tête nous accueille d'une franche poignée de main. Il ajoute aussitôt sérieux.

— Ne vous aventurez pas en dehors du village, hier un ours a tué une fillette !

Je prends un peu plus conscience du caractère de ces gens. Confrontés périodiquement aux tempêtes hivernales avec des hauteurs de neige avoisinant les douze mètres, aux débordements des fleuves de trois kilomètres de large, à la faune sauvage etc. ils ont su garder une mentalité de pionniers, équilibrés, sains d'esprit et d'humeur toujours joyeuse. Un rien les amuse profitant de la vie la sachant fragile et éphémère.

Paul me tend sa boîte de bière.

— Hé ! *Frenchie toast with me, good trip with you* (trinquons, bon plan avec toi).

Paul malgré le handicap linguistique est celui avec qui j'ai eu le plus d'affinités. Serein et placide, j'ai vraiment apprécié mes excursions photos au travers des forêts aidé par un crépuscule qui jamais ne finissait. D'un air, nous nous comprenions afin d'observer les animaux en silence.

Ce soir, les braises cuisent les filets de caribou abattu par John. Je suis des yeux les gros rouleaux de la rivière Liard qui me mèneront à Fort Simpson. Dans quelques jours je serai en France pour encadrer des jeunes sur les glaciers de l'Oisans. Puis août se déroulera dans le théâtre corse en compagnie de mes équipiers et amis. Ainsi s'achève ce cycle. Bientôt d'autres émotions plus prenantes m'attendront en Asie.

TABLE DES MATIÈRES

www.ingramcontent.com/pod-product-compliance
Lightning Source LLC
LaVergne TN
LVHW041038150826
845672LV00001B/372